지질고고학 입문

지질고고학 입문

이선복 지음

사회평론아카데미

지질고고학 입문

2018년 6월 27일 초판 1쇄 발행
2019년 11월 29일 초판 2쇄 발행

지은이 이선복
펴낸곳 ㈜사회평론아카데미
펴낸이 윤철호·김천희
편   집 김천희
디자인 김진운
마케팅 최민규

등록번호 2013-000247(2013년 8월 23일)
전화 02-326-1182(영업) 02-326-0333(편집)
팩스 02-326-1626
주소 03978 서울시 마포구 월드컵북로 12길 17(1층)

ISBN 979-11-88108-63-3 93900

책머리에

지질고고학은 아마도 많은 고고학 전공자들에게 이름은 익숙하지만, 무엇을 연구하는 분야인지 물어본다면 우물쭈물할 수밖에 없는 분야일 것이다. 실제로 지질고고학은 물질로서의 유물 및 유적과 관계된 거의 모든 문제와 관계되는 분야라고 해도 과언이 아니다. 그러나 다른 많은 분야와 마찬가지로 지질고고학 연구는 아직 체계적으로 소개되지 못한 형편이다. 부끄러운 내용임에도 불구하고 이 책을 내는 것은 곧 정년을 맞이하는 입장에서 이토록 중요한 분야를 소개하지 않으면 안 되겠다는 의무감 때문이다. 원고에 착수하기 전에 잘 알려진 구미의 지질고고학 개론서를 번역하려고도 했지만, 우리 고고학계가 따라갈 수 없거나 유적 환경이나 상황이 우리와는 전혀 다른 조건에서 이루어진 연구를 소개한다는 것은 무의미하다는 생각이 들었기에 부끄러운 내용이나마 용기를 갖고 원고를 마치게 되었다.

필자는 학부시절부터 대학원을 마칠 때까지 좋은 선생님들 아래에서 좋은 교육을 받을 수 있었다. 유학시절인 1980년대 초에는 지질고고학은 구미 어느 나라에서도 아직 독립된 정식교과목으로 채택되지 못하고 있었다. 그러나 필자는 고 Troy L. Pèwè교수라는 대가로부터 제4기지질학, 동토지질학, 수문지형학에 대한 강도 높은 훈련을 받을 수 있었고, 그 결과 박사학위 논문에도 〈A Geoarchaeological Review〉라는 부제를 붙일 수 있었다. 아쉬움이 이루 하나, 둘이 아니지만, 내용이야 어쨌건 이 책을 냄으로써 대학교에 자리를 잡은 지난 30여 년 동안 늘 마음 한구석에 남아 있던 선생님들과 우리 학계에 대한 빚을 조금이나마 갚게 되어 후련한 마음이다.

〈입문〉이라는 제목이 말해주듯, 이 책은 엄격한 학술서 체제를 갖춘 내용이 아니다. 본문은 지질고고학이 다루는 기본적 사항들을 필자의 경험과 지식에 입각해, 고등학교를 마친 이라면 누구라도 이해할 수 있도록 그야말로 입문 수준으로 쉽게 풀어나간 내용이다. 따라서 주도 달지 않았으며, 다만 몇몇 도면을 어떤 책에서 따온 것인지만을 밝혔을 뿐이다. 내용은 보잘 것없지만, 이 책이 우리나라에서도 지질고고학이 정착할 수 있는 계기를 마련해주는 씨앗이 되기를 바랄 뿐이다.

2018년 5월
지은이

차례

〈그림 출전〉

본문에 이용한 도면과 사진 중, 특별한 설명이 없는 것은 필자 개인의 자료이나, 그 외 자료들의 출전은 다음과 같다.

문연   국립문화재연구소. 1999. 금파리 구석기 유적.

C&C   Clowes, Alan, and Peter Comfort. 1982. *Process and Landform – Conceptual Frameworks in Geography*. Edinburgh: Oliver & Boyd.

G&M   Goldberg, Paul, and Richard I. Macphail. 2006. *Practical and Theoretical Geoarchaeology*. Oxford: Blackwell.

HMF   French, H. M. 1978. *The Periglacial Environment*. Harlow: Longman.

KB   Butzer, Karl. 1972. *Environment and Archaeology – An Ecological Approach to Prehistory* (Second Edition). Hawthorne: Aldine.

PD   Dirks, P. H. G. M. et al. 2010. Geological Setting and Age of *Australopithecus sediba* from South Africa. *Science* 328(5975):205-208.

R&H   Rapp, George (Rip), Jr., and Christopher L. Hill. 1998. *Geoarchaeology – The Earth-Science Approach to Archaeological Interpretation*. New Haven: Yale University Press.

SL   Limbrey, S. 1975. *Soil Science and Archaeology*. New York: Academic Press.

제1장

지질고고학의 성격

1. 지질고고학의 등장

오늘날 지질고고학(地質考古學; Geoarchaeology)은 같은 이름의
전문학술지가 발간되고 있을 정도로 현대 고고학 연구에서 필
수불가결한 분야이다. 그러나 지질고고학이라는 어휘는 불과
40여 년 전인 1970년대 초에서야 지질학(Geology)과 고고학
(Archaeology)을 합성한 〈Geo-archaeology〉라는 신조어로서
등장했다. 이 어휘가 자리 잡은 것은 〈*Geoarchaeology: Earth
Science and the Past*〉라는 책이 발간된 1976년 무렵부터라고
대체로 여겨지고 있다. 다시 말해, 지질고고학 연구는 최근에서
야 널리 이루어지기 시작했고, 따라서 학사가 일천한 우리 고고
학계에서는 아직도 생소한 분야이다. 예를 들어, 2018년을 기
준으로 할 때 지질고고학 강좌는 서울대학교를 제외한 어느 대
학의 고고학 교과과정에서도 개설되지 못하고 있다.

지질고고학이 확립된 것은 20세기 말이지만, 그 효시는 고
고학이 학문으로 정립되기 이전까지 소급해 찾아볼 수 있다. 18
세기나 19세기의 지질학자나 고물 애호가들도 유적을 탐방하
며 퇴적층의 상황이나 퇴적물에 대해 관찰한 글을 남기기도 했
던 것이다. 그렇지만 고고학 맹아기에 그런 이들이 보여준 유적
의 퇴적상에 대한 관심은 즉흥적이며 일과성에 그치고 말았다.
이후 20세기에 들어서며 고고학 자료의 형성이나 보존에 영향

을 끼친 지질과정을 비롯한 자연적 요인의 구명에 대한 관심이 커지며, 유적 형성의 맥락과 환경조건에 대한 연구가 조금씩이나마 이루어지기 시작했다. 즉, 제1차 세계대전 이후 다양한 학문적 배경에서 훈련을 받은 유럽과 미국 연구자들이 세계 각지에서 다양한 성격의 유적들을 보다 체계적으로 조사하기 시작하며 유적의 층서와 환경에 대한 관심이 높아지게 되었다. 그러한 관심이 커지며 유적 발굴이나 자료 분석 과정에 지질학자가 참여하거나 혹은 고고학자가 지질학 훈련을 받기 시작했고, 1930년대부터는 유적의 환경적 맥락을 연구함으로써 고고학 연구에서 제기되는 많은 문제의 답을 얻을 수 있다는 인식이 퍼지게 되었다.

예를 들어, 런던 고고학연구소(현 런던대학[University College London] 고고학연구소의 전신) 소속 연구자들은 1930년대부터 세계 각지에서 유적을 발굴하며 층서와 퇴적물에 대한 관찰과 해석 및 유적의 입지와 형성과 관련된 지질 배경을 관행적으로 보고서에 기록하기 시작했다. 그런가 하면, 유럽대륙에서는 특히 프랑스에서 구석기시대 유적을 조사하며 수습한 환경자료에서 당대의 기후와 식생, 동물상 등을 보고하고 그러한 환경조건과 유물군 사이의 관계를 생각하는 연구가 나타나기 시작했고, 스칸디나비아에서는 저습지 유적에서 꽃가루를 분석함으로써 당대의 식생과 기후변화를 보고하는 연구가 이루어졌다. 한편 북아메리카에서도 지질학자들이 특히 플라이스토세 말에 형성된 고인디안(Paleoindian) 유적의 조사에 참가하며 유적 형성의 지질학적 배경과 당시의 환경을 연구하기 시작했다. 지질고고학 맹아기의 이러한 사정은 지질고고학이 처음부터 하나의 일관되고 체계적인 틀 속에서 시작된 것이 아니라여러 나라에서 필요에 따라 다양한 방식으로 자리를 잡기 시작했음을 말해준다. 이러한 배경 때문에 아직도 지질고고학은 다양한 연구방법과 분석기법을 포괄하고 있는 일종의 연구방법론으로 받아들여지는 경향이 있다.

지질고고학 맹아기에 이루어진 이러한 여러 연구는 1971년에 간행된 〈*Environment and Archeology–An Ecological Approach to Prehistory*, Second Edition〉의 제1장에 그 정황이 개략적으로 요약되어 있다. 이 책은 현대 지질고고학의 출발을 알리는 20세기의 고전이라 할 만한 책으로서, 고고자료 해석에서 환경조건의 이해가 차지하는 중요성을 강조하며 고고학 연구자가 알고 있을 필요가 있는 다양한 환경 요소를 종합적으로 나열해 설명함으로써 관련 분야 연구의 입문서 역할을 톡톡히 하였다. 다만 저자인 Karl Butzer가 원래 지리학을 전공했기 때문인지, 그는 고고학과 관련된 광의의 지질환경 연구를 "선사지리학(prehistoric geography)"이라고 부를 것을 제안했다. 그러나 결국 지질고고학을 가리킨다고 할 수 있는 이

용어는 호응을 얻지 못하고 사라졌다.

1970년대에는 〈고고학적 지질학(Archaeological Geology)〉이라는 용어가 영미권 학계에서 사용되기 시작했다. 이 용어는 지질고고학에서 다루는 연구 분야 내지 그 성과를 포괄적으로 가리키는데, 1986년 같은 이름의 책이 발간되었다는 사실이 말해주듯 1980년대에 이르러 고고학 조사에 동참하던 지질학 전공자 사이에 널리 사용되었다. 또한 1970년대에는 〈지질학적 고고학(Geological Archaeology)〉이라는 용어도 등장하였다. 두 용어는 단지 수식어와 피수식어가 서로 위치만 바뀌었을 뿐인데, 용어의 채택은 연구의 결론이 고고학과 지질학 중 어느 쪽에 치우치는지 혹은 연구자가 고고학 전공인지 지질학 전공인지 여부에 따라 이루어지는 경향이 있었다.

그러나 이 두 용어는 적어도 고고학계에서는 1980년대부터 서서히 〈Geoarchaeology〉라는 용어가 대체하기 시작했는데, 특히 〈Geological Archaeology〉는 1990년대 이후 듣기 어렵게 되었다. 그렇지만 〈Archaeological Geology〉는 21세기에 들어와서도 주로 지질학 전공자 사이에서 그 명맥을 유지하고 있다. 한편, 1970년대에는 또 유적의 생태와 환경에 대한 연구를 뭉뚱그려 칭하는 용어로서 생태고고학(Ecological Archaeology) 혹은 환경고고학(Environmental Archaeology)이라는 용어가 등장하기도 했다. 이 두 용어는 사실 구체적으로 어떤 내용의 연구를 가리키는 것인지 뚜렷하게 정의를 내리지 않은 채 다양한 자연과학 분야의 지식과 방법을 이용하는 연구를 가리키는 말인데, 오늘날에도 드물긴 하지만 사용되고 있다.

어떤 용어가 사용되었는지 여부와 상관없이, 1980년대 중반이 되면 관련 연구가 고고학에서 계속 나타나며 지질학과 지형학을 중심으로 한 광의의 지구과학(Geo-Sciences) 제 분야에서 도입한 각종 방법론은 고고학 연구에 많은 도움이 된다는 사실이 분명히 드러나게 되었다. 그런데 그러한 도움은 대체로 자료의 기술적 분석이나 해석과 관련된 내용이었기 때문에, 지질고고학과 관련된 여러 용어의 등장은 결국 유용한 고고학 연구방법론이 자리 잡기 시작했음을 뜻한다고 볼 수도 있다. 그렇기 때문에 오늘날에도 고고학 연구에 필요한 하나의 방법론으로서의 지질고고학의 성격을 강조하는 연구자들은 지질고고학이란 고고학 연구에 도입된 지질학 (내지 광의의 지구과학) 연구방법론을 의미한다고 생각하고 있다. 즉, 지질고고학이란 고고학적 지질학의 또 다른 표현이라는 것인데, 그러한 입장의 연장선상에서는 지질고고학 연구는 유적을 구성하고 있는 퇴적물과 토양에 대한 분석을 위주로 이루어지는 유적 형성과 관계된 퇴적환경 연구를 의미한다고 생각하는 경향도 있다.

그렇지만 대다수의 지질고고학 연구자는 지질고고학은 고고학적 지질학이 다루던 내용보다 더욱 포괄적이며 다양한 내용을 다루는 분야이며 또 그래야만 한다고 여기고 있다. 그렇게 생각하는 것은 왜냐하면 지질고고학이 고고자료의 형성에서 오늘에 이르기까지 연구대상 자료가 처한 환경 맥락(environmental context)과 자료가 겪은 수많은 자연과정(natural process)을 파악하고 설명하는 것을 중요한 연구목적으로 삼고 있는 한, 지질고고학은 단지 과거의 자연환경조건만을 연구하는 것이 아니라 연구 자료의 형성과 변형과정과 관련된 인문환경 내지 인간행위도 다루지 않을 수 없기 때문이다. 즉, 지질고고학은 퇴적물에 대한 암석학적 분석이나 지형 관찰 등의 각종 자연과학적 분석방법에 의지해 유적의 퇴적환경과 지형환경의 분석을 중요한 연구주제로 다루며 출발했지만, 오늘날에는 지질학과 지형학뿐만 아니라 고생태학, 토양학, 생물학, 기후학 등 과거 지구의 환경과 생태를 연구하는 여러 분야로부터 각종 이론과 방법론을 도입해 연구를 실시하고 있는 일종의 다학제적 학문이 되었다. 따라서 지질고고학은 자연과학적 분석결과를 단지 기계적으로 나열하는 것이 아니라, 과거 인간의 생활을 보다 잘 이해함에 도움이 될 수 있는 체계적 설명의 제시를 연구 목적으로 하고 있다.

한편, 〈Geoarchaeology〉를 우리말로 〈지질고고학〉이라고 번역해 사용하는 것과 관련해, 용어가 〈지질〉이라는 말로 시작하므로 단지 지질학 연구방법을 빌려 유적에서 발견되는 지

질자료를 분석하는 연구 분야라는 인상을 줄 수도 있겠다. 그러한 걱정 때문에 〈지질고고학〉이 적절한 대역어일까 의문을 품을 수도 있겠으며, 일본에서 〈地質考古學〉이라 하지 않고 〈ジオ·ア‐ケオロジ‐〉라고 영어 어휘를 음역해 그대로 사용하는 것은 바로 이러한 걱정 때문이다. 그렇지만 우리나라에서는 〈지질고고학〉이란 말이 지난 30여 년 동안 알게 모르게 사용되어 왔을 뿐더러, 이 분야의 연구가 단순히 자연과학 분석방법의 차용에 그치는 것이 아님을 인식하고 있다면 굳이 새로운 용어를 사용할 필요는 없지 않을까 여겨진다.

2. 지질고고학의 연구 내용

지질고고학 연구의 핵심 내용은 유적의 형성과정과 변형과정을 파악하며 유적을 남긴 사람들의 행동양식이나 활동이 경관에 끼친 영향과도 같이 고고자료와 관련된 인간 활동의 이해에 필요한 정보를 찾아내고 해석하는 일이라고 할 수 있다. 따라서 모든 연구에서는 무엇보다도 우선 크게 두 가지의 기본과제를 다루게 된다.

그 첫 번째 과제는 유적을 비롯한 연구 대상이 위치한 지점 일대의 지형이 어떻게 만들어졌고 바뀌어 왔는지를 규명하는 일이다. 즉, 유적을 비롯한 고고자료를 구성하고 있는 퇴적층을 형성하고 변형시킨 영력의 실체와 작용방식 및 작용과정의 규명은 지질고고학 연구의 가장 기본적 임무이다. 두 번째 과제는 인간의 활동이 유적과 지형의 형성과 변형과정에 끼친 영향을 밝히는 것으로서, 바로 이렇게 유적을 비롯한 고고자료가 위치한 지점의 지형과 지질 및 퇴적 상황과 인간 활동 사이의 관계를 밝히고자 한다는 점이야말로 지질학이나 지형학 등의 지구과학 분야 연구와 대비할 때 드러나는 지질고고학의 특징이라고 할 수 있다.

이러한 기본과제의 달성에서부터 시작해 모든 지질고고학 연구는 연구대상 고고자료가 형성된 때로부터 오늘에 이르기까지 전 기간에 걸친 유적형성과정의 전모를 규명하고자 시도하게 된다. 즉, 연구는 유적형성과 관련된 퇴적의 맥락(depositional context)과 과정 및 후퇴적 과정(post-depositional process)을 규명하고 주요한 퇴적학적 사건의 발생연대 파악을 중요한 목표로 삼아 이루어지게 된다. 이것은 왜냐하면 인간이 자연에 끼친 영향이나 문화변화와 환경 사이의 관계에 대한 설명은 이러한 몇 가지 사항을 파악한 다음에야 시도할 수 있기 때문이다.

유적형성과정의 파악을 위한 구체적인 연구에서는 다양한 주제를 다루게 된다. 그러한 주제 중에서도 주요한 것으로는 1)

고환경 복원과 변화과정의 파악, 2)퇴적층의 형성과 침식과정의 설명, 3)지형 변화과정과 지형 해석, 4)유적을 구성하는 암석과 토양의 특성 연구, 5)퇴적층의 형성과 변화과정의 설명, 6)유적의 경관(landscape)과 환경적 맥락의 파악, 7)층서대비 및 8)연대측정 등을 나열해 볼 수 있다. 이러한 사항들은 제4기 지질학이나 지형학을 비롯한 유관 지구과학 분야의 연구주제이기도 하며, 따라서 지질고고학 연구는 그러한 분야로부터 연구방법론이나 분석기법을 빌려오기 마련이다. 그러므로 지질고고학 연구자가 되려면 고고학뿐만 아니라 그러한 유관 분야에서 충분히 훈련을 받아야 한다.

위에 나열한 일련의 항목을 포함해 지질고고학에서 다루는 여러 연구과제는 서로 밀접하게 연관되어 있어, 하나의 주제에 대한 연구는 곧 다른 주제의 연구로 넘어가기 마련이다. 예를 들어, 근대적 고고학이 시작된 이래 발굴을 비롯한 야외조사에서 층서의 해석과 대비는 조사의 핵심사항으로서, 층서 파악은 발굴 구덩이에서 드러난 미세층서(micro-stratigraphy)의 분석에서 시작해 유적이 위치한 지역 전반에 걸친 광역적 대비에 이르기까지 다양한 공간적 규모에 걸쳐 다양한 각도에서의 분석이 이루어져야 한다. 그러한 연구에서 일단 층서를 파악하게 되었다는 것은 유적 형성과 변형과정을 설명하기 위한 초보적 관찰이 이루어졌다는 뜻이며, 그로부터 연구자는 유적 형성과 변형과정에 대해서도 소견을 피력할 수 있게 된다.

또한 예를 들어 층서를 구성하고 있는 퇴적물에 대한 분석은 퇴적의 속도나 영력의 변화 등을 알 수 있게 해주어 문화층의 형성과 소멸 양상을 판단할 수 있는 근거를 얻게 해준다. 퇴적물 분석에서는 기본적으로 퇴적물의 종류, 크기와 형태, 밀도, 암석학적 구성과 더불어 유기물이나 탄산칼슘, 철분의 함량을 비롯한 퇴적물의 물리화학적 특성을 파악하고, 필요에 따라 보다 정교하고 정밀한 추가분석을 시료의 특성에 맞추어 실시하게 된다. 그러한 분석은 연구대상 유적을 비롯한 고고자료를 구성하는 퇴적층 자체뿐만 아니라 그 주변 일대의 보다 넓은 범위를 대상으로 적절히 이루어져야 한다. 그렇게 함으로써 연구자는 유적 형성과 변형과정 및 연구지역의 과거를 체계적으로 이해할 수 있게 될 것이다. 그러한 과정에서 시료에 포함된 미세한 각종 자료를 분석하게 된다면 연구자는 과거에 사람들이 특정 지점에서 한 행동이나 섭취한 음식물 등과 관련된 정보를 얻을 수도 있다. 예를 들어 퇴적물 시료의 박편을 현미경으로 관찰하는 토양미세구조(soil micromorphology) 연구는 퇴적물의 물리화학적 특성 분석만으로는 알 수 없는 각종 정보를 얻는 유력한 수단으로서 고고학에 최근 널리 도입되고 있다.

이렇게 층서와 퇴적물 연구는 지질고고학 연구의 출발점으로서 유적의 퇴적환경을 이해하는 기본적인 단서를 얻게 해준다. 즉, 충서와 퇴적물의 분석으로부터 주어진 퇴적단위가 유수, 중력, 바람 등의 여러 영력 중 어느 요인이 어떤 방식으로 작용해 쌓이게 된 것인지를 알게 되면, 연구자는 퇴적상(堆積相; facies)의 변화 과정을 설명하고 그에 대한 모델을 제시할 수도 있다. 그러한 퇴적환경 연구에서는 결과의 신뢰도를 높이기 위해 지형학이나 충서학 혹은 토양학의 다양한 분석방법을 함께 이용할 필요가 있기 마련이다. 예를 들어, 고환경 복원과 환경변화의 이해를 위해 지형 특성과 발달과정이나 퇴적과정을 평가하고자 할 때에는 퇴적물 자체에 대한 여러 분석과 더불어 퇴적층에서 발견되는 동물 유해나 꽃가루 혹은 기타 식물 유존체 등의 고생물 자료 등을 분석할 필요가 있을 것이다.

지질고고학이 퇴적상과 퇴적환경을 중요하게 다루는 한, 기후를 비롯한 과거의 환경에 대한 연구는 일상적으로 이루어지고 있다. 그와 더불어 연구에서는 연구지역의 현재의 지형과 지리조건을 분석하고 고지형과 고지리를 이해하고자 노력하게 된다. 왜냐하면 과거의 환경조건에 대한 분석은 유적의 입지와 분포와 관련된 판단을 내릴 수 있게 해주기 때문이다. 그러한 분석으로부터 특히 유적 점유시기의 자연자원 이용범위(site catchment)나 유적 입지와 분포와 관련된 지형조건을 파악할 수 있다면, 주거유형(settlement pattern)이나 공간분석(spatial analysis; locational analysis) 혹은 경관고고학(landscape archaeology)의 관점에서 과거의 사회문화를 설명함에 있어 많은 도움을 얻을 수 있을 것이다. 즉, 지질고고학 연구는 지표면이나 퇴적층 내에서 확인되는 유적과 유물의 분포에 영향을 끼친 자연적 요인을 이해할 수 있게 해주며, 그로부터 연구자는 특정지점에서 있었던 인간행위의 양상을 보다 적절히 해석할 수 있는 근거를 얻을 수 있게 된다.

따라서 지질고고학 연구는 인간행위와 자연경관 사이의 역동적 상관관계를 설명하고 모델을 설정할 수 있게 해준다. 그러한 연구는 과거에 존재했던 문화체계가 주변의 자연환경과 어떻게 작용했는가를 파악하려면 반드시 이루어져야 할 것이다. 오늘날 지질고고학이 고고학 연구에 필수불가결한 분야로 자리 잡게 된 것은 바로 이 때문인데, 이러한 소위 사람과 자연 사이의 관계(man-land relationship)에 대한 파악은 신고고학(New Archaeology) 내지 과정고고학(Processual Archaeology)이 주창된 1960년대 이래 현대 고고학의 핵심적 연구과제로서 부각되었다.

연구의 보다 기술적 측면과 관련되어, 지구물리학이나 지구화학의 각종 방법을 이용해 유적이나 기타 고고자료를 찾아내고 퇴적층의 내용을 확인하는 연구도 지질고고학의 영역이 되었다. 그러한 분석기법으로는 고지자기, 전기저항 혹은 탄성파 분석이나 토양에 포함된 인 성분 함량이나 토양 산성도 분석을 비롯한 일련의 '고전적' 방법은 계속 널리 쓰이고 있으며, 지중레이더(Ground Penetrating Radar; GPR)나 레이저광선원격조사(라이다[Light Detection and Ranging; LIDAR])와 같은 원격탐사기법도 점점 더 널리 활용되고 있다. 예를 들어, 인간의 접근이 불가능한 멕시코 남부와 과테말라 열대우림 지역에서는 수년에 걸친 체계적인 항공 라이다 조사를 통해 수많은 마야 유적이 발견되었다. 이러한 발견은 마야 사회의 정치와 사회 조직에 대해 질적으로 새로운 차원의 이해를 가능하게 해주고 있다.

지질고고학에서는 또 유물의 물질적 특성에 대한 분석도 다루고 있다. 그러한 연구는 주로 원료 획득이나 도구 제작과 이용 등의 문제와 연관된 고대기술을 중심으로 이루어지는데, 토기 제작기법 판단을 위한 암석학적 분석이나 흑요석 같은 석기 원재료의 산지 분석 등을 대표적인 예로 생각할 수 있다. 이에 대한 연구는 매우 전문적인 지식과 훈련을 필요로 하는데, 연구 결과는 유물의 제작기법이나 원료 산지를 비롯해 유물의 물적 특성과 직접 연관된 정보를 제공해줄 수 있을 뿐만 아니라, 해당 유물의 유통이나 분배와 관련된 사회관계망이라던가 경제망에 대해서도 추론할 수 있게 해주는 등, 고고자료에는 가시적으로 드러나지 않고 있는 당대 사회의 조직적 측면을 파악함에 큰 도움을 줄 수 있다.

한편, 유적과 주변 일대의 환경에 대한 연구는 유적의 현재 상태를 파악하고 그 이유를 설명할 수 있는 정보를 제공해주기 때문에, 지질고고학은 유적의 보존과 보호에도 기여하게 된다. 예를 들어, 유적의 입지조건에 대한 검토에서는 해당 유적이 하천 활동이나 지하수 운동, 토양 운동 혹은 산사태 등의 자연재해에 어느 정도 취약한지 파악할 수 있으며, 그렇게 얻은 정보로부터 유적 보호에 필요한 모종의 방법을 제시할 수 있을 것이다.

마지막으로, 연대측정 역시 지질고고학에서는 빼놓을 수 없는 중요한 연구주제이다. 지난 30여 년 동안 특히 TL, OSL, ESR를 비롯해 여러 새로운 연대측정방법이 개발되며 퇴적층의 연대를 직접 측정할 수 있는 길이 열림에 따라 관련 연구에서는 큰 진전이 있었는데, 지질고고학 연구는 각종 연대측정방법을 검증하고 개선함에 기여해 왔다. 연대측정에서는 유적이나 퇴적단위 혹은 유구나 유물을 비롯한 개개 자료의 정확한 연대 파악도 물론 중요하며, 관련 연구에서는 자료의 분석을 통해 유적이나 연구대상 퇴적층이 발달한 과정과 역사의 전모를 파악하는 것을 목적으로 삼게 된다. 즉, 연대측정과 관련된 지질고고학 연구의 목표는 연구대상 자료의 환경적 맥락과 그 변화상의 이해에 필요한 층서학적 편년 수립이라고 할 수 있다. 그러므로 연대측정 관련 연구는 지질편년학(geochronology) 연구와 유사한 방식으로 이루어지게 되는데, 연대측정 결과는 유적과 퇴적층 형성과정의 전체 맥락 속에서 그 의미를 해석해야한다.

3. 연구 공간의 스케일

지질고고학이 수많은 주제를 다양한 접근법으로 다루고 있으므로, 연구가 특정 이론이나 방법론을 좇아 획일적으로 이루어지기는커녕 유사한 주제의 연구일지라도 그 내용은 서로 비교할 수 없을 만큼 다를 수 있다. 즉, 고고학의 한 분야로서 지질고고학 연구는 다른 고고학 분야나 기타 시간적 깊이를 지닌대상물을 연구하는 여러 분야와 마찬가지로 매우 경험적(empirical) 성격을 지니는데, 자료가 인간행위의 영향을 받았다는사실 때문에 경험적 성격의 정도는 어느 분야와 비교해도 높을수밖에 없다. 그럼에도 불구하고 전반적인 연구과정 그 자체는일정한 절차를 따라 이루어진다. 즉, 문헌조사 등의 기초적인준비를 마친 다음, 지질고고학 연구는 대체로 다음과 같은 절차로 진행된다고 할 수 있다.

　우선, 연구의 시작은 자료 획득을 위한 야외조사로부터 비롯된다. 야외조사에서는 층서와 퇴적상의 관찰과 기록을 비롯해 각종 시료를 채취하게 된다. 이어, 수집한 각종 자료는 실험실에서 분석을 실시함으로써 그 의미를 평가하게 되는데, 그러한 분석 과정에서는 채택한 다양한 분석방법이 요구하는 프로토콜을 잘 지켜야 한다. 분석 결과 만약 자료가 더 필요하다거나 새로운 분석이 필요하다는 결론이 내려진다면, 연구자는 다시 야외조사를 통해 추가 자료를 수집하거나 새로운 분석을 실시하게 된다. 연구의 마지막 단계에서는 이렇게 자료 수집과 분석을 통해 알게 된 정보를 유사한 사례나 분석 결과와 비교해보거나 필요한 경우에는 실험을 실시하는 등의 방식으로 평가하고 검증함으로써 결론을 내리게 된다.

연구가 일반적으로 이러한 절차를 따라 이루어진다고 해도, 이미 말한 바대로 모든 연구는 구체적 내용에서 상이하지 않을 수 없다. 연구자는 연구에 필요한 가장 적절한 접근법을 선택함에 있어서 반드시 다음 세 가지 사항을 잘 생각해야 한다. 그것은 1)연구는 어떠한 공간적 단위 혹은 규모로 실시해야 하는가, 2)자료 관찰과 시료 분석은 어떠한 방법을 채택할 것인가, 그리고 3)도출된 결론은 어떻게 검증할 것인가 하는 문제이다.

이 세 사항 중, 특히 연구대상공간을 어떠한 단위 혹은 규모로 설정할 것인가 하는 문제, 즉 연구의 공간적 스케일(scale)의 결정은 특히 중요하다. 예를 들어, 강변에 있는 어느 선사유적을 대상으로 지질고고학 연구를 하고자 할 때, 관찰과 분석은 유적과 그 인접지역만을 대상으로 삼아 실시할 수도 있을 것이고, 혹은 저 멀리 유적 상류에서 하류에 이르는 넓은 지역을 대상으로 삼을 수도 있을 것이다. 즉, 연구는 다양한 단위와 규모의 공간을 대상으로 보다 넓게 혹은 보다 좁게 범위를 설정해 이루어질 수 있으며, 반드시 하나의 공간적 스케일만이 아니라 다양한 스케일 중에서 하나 혹은 여러 개를 택해 이루어질 수 있다. 연구에서 어떤 스케일을 어떻게 택했는가에 따라 연구자가 추구할 수 있는 연구의 방향과 접근법은 달라진다.

예를 들어, 강원도 동해안에 있는 한 신석기유적의 입지와 타 유적과의 층서관계 파악을 목적으로 연구하는 상황을 가정해보자. 이때, 연구자가 관찰과 분석의 공간적 범위를 동해안 전체로 삼았을 경우와 유적 주변만을 대상으로 삼았을 경우, 야외관찰 방법은 현저히 다르지 않을 수 없으며 채취하는 시료의 양과 종류 및 분석 방법도 크게 다를 것이다. 실제 연구에서 연구대상이 되는 공간의 규모는 퇴적분지나 하천 유역처럼 km 단위의 공간이 될 수도 있고 현미경 관찰을 필요로 하는 cm 단위나 그보다 작은 공간이 될 수도 있다. 다시 말해 연구에서 채택된 분석방법은 연구대상이 되는 공간의 스케일에 따라 결정되는 경우가 많지만, 연구대상 공간의 스케일이 분석방법에 의해 결정될 수도 있다.

즉, 지질고고학 연구에서 공간적 스케일의 채택은 무엇보다도 연구 목적에 따라 결정되지만, 연구가 처음부터 끝까지 하나의 스케일을 고집하며 이루어질 필요는 없다. 오히려 연구가 진행됨에 따라 새로운 사실이 밝혀지고 새로운 문제가 대두됨에 따라 분석방법도 새로워져야 하며, 그와 동시에 분석대상공간의 스케일도 달리해 연구가 이루어져야 한다. 그러므로 연구가 진행되며 공간적 스케일을 달리하며 분석과 관찰이 이루어지는 것은 흔히 보는 일이다. 모든 연구가 그렇듯 지질고고학 연구도 잘 정의된 연구목적을 설정하고 그에 따라 연구절차, 방법 및 대상을 분명히 규정한 연구계획의 수립이 매우 중요하다. 연구자는 그렇게 연구전략을 구상하는 단계에서부터 연구의 진행에 따라 채택하게 될 것으로 예상되는 연구대상공간의 스케일에 대해 많은 생각을 기울여야 한다.

연구의 공간적 스케일과 관련해 임진강 유역에서 여러 해 동안 구석기 유적과 관련된 조사를 해온 필자의 경우를 예로 들자면(제10장 참조), 아무런 선행연구도 이루어지지 않았던 1980년대 초에 전곡리를 비롯한 용암대지 위에서 발견되는 구석기 유적의 지질고고학 조사에 착수하며, 연구의 가장 중요한 목표는 유적과 관련된 지질층서와 퇴적의 맥락을 파악하는 일이었다. 이를 위해서는 임진강 유역 전체라는 km 단위의 공간을 대상으로 야외관찰을 실시해야 했다. 그러한 광역적 관찰로부터 이 일대의 제4기 층서와 용암대지 위에 놓인 유적의 전반적 분포양상을 파악하고 유적 형성과 관련된 지형조건과 퇴적환경에 대한 기초적인 정보를 얻게 되었고, 이러한 자료를 바탕으로 유적의 층서와 퇴적과정의 기본적 성격을 파악할 수 있었다. 그러한 연구를 바탕으로, 1990년대 이후 몇몇 지점에서 실시한 발굴을 통해 m 단위의 공간을 대상으로 퇴적층과 층서를 관찰할 수 있었으며, 그 결과 퇴적과정과 유물 분포의 특징을 보다 미시적으로 파악할 수 있게 되어, 용암대지 위에서 이루어진 유적형성과정과 유적의 환경적 맥락을 보다 잘 이해할 수 있게 되었다. 야외관찰과 조사에 이어 보다 정확한 퇴적환경은 cm 단위의 공간에서 채취한 토양시료를 분석함으로써 시도하게 되었으며, 그러한 분석에서는 mm 내지 μm 단위로 관찰되는 토양미세구조와 구성물질의 분석도 이루어졌다.

이렇듯 지질고고학 연구에서는 km에서 μm에 이르는 다양한 단위의 공간을 대상으로 삼아 다양한 관찰과 분석을 시도할 필요가 있으며, 그럼으로써 연구대상을 보다 깊이 있게 이해할 수 있다. 상이한 스케일에 따라 채택되는 다양한 분석은 전문가의 도움을 필요로 하므로, 연구자는 연구에 필요한 각종 분석과 접근방법의 내용과 성격을 파악하고 있어야 한다. 그렇지 않으면 적절한 분석을 의뢰하기도 어렵거니와 분석결과를 해석하기도 쉽지 않은 상황이 발생할 수 있다.

지질고고학 연구가 다양한 공간적 스케일에 걸쳐 이루어져야 하는 이유는 고고자료의 환경적 맥락은 다양한 차원에 걸쳐 있기 때문이다. 거시적 차원에서 말하자면, 인간은 지난 수백만 년 동안 범지구적 차원에서 걸쳐 일어난 빙하기와 간빙기 조건의 주기적 도래라는 거대한 변화에 따른 국지적 환경 변화의 영향 속에서 살아왔다. 따라서 국지적 환경 변화를 이해함에 있어서도 보다 거시적 스케일의 시간과 공간에서 일어난 변화를 이해할 필요가 있을 것이다. 그런데 어떤 개인이나 세대는 대체로 일정한 지역 내에서 살다가 일생을 마치는바, 과거의 인간 활동을 이해하려면 그가 활동했던 공간, 즉 유적을 비롯한 고고자료가 남겨진 하천 유역이나 분지와도 같은 일정한 규모의 공간을 대상으로 퇴적과정과 지형의 특징 등을 평가할 필요가 있다. 이때 연구는 발굴구덩이에서 드러난 양상이 말해주는 개개 유적이나 지점의 고유한 특징을 평가함으로써 더욱 충실해지며, 이를 위해서는 현미경 관찰을 요구하는 미세층서나 구조 등의 분석이 필요할 수 있다. 즉, 지질고고학 연구에서 연구의 공간적 스케일의 결정은 인간 활동을 결정하고 유도하고 제약하기도 하는 환경에 대해 얼마나 많은 정보를 얼마나 정확히 확보할 수 있는지 여부와 관계된 중요한 문제로서, 소위 연구결과의 '해상도(resolution)'를 높이는 문제와 밀접한 관계에 있다.

4. 책의 구성

오늘날 구미의 유수한 대학에서는 대학원 고고학 전공과정에 지질고고학이 독립과목으로 개설되어 있다. 그 내용은 학교에 따라 약간씩 차이가 있지만 학기당 15주 수업을 기준으로 대체로 다음과 같이 구성된다. 또 각 주제별 강의에는 별도로 실험 실습 시간이 책정되어 있기 마련이다.

- 과목 설명; 지질학적 맥락과 고고학 연구 - 1주
- 퇴적환경 총론 - 1~2주
- 퇴적환경 각론 - 3~4주 (충적대지와 하천운동; 호소 환경; 해안 환경; 사면퇴적; 바람; 지하수와 용천; 건조지대의 환경; 동굴과 바위그늘 등)
- 토양과 퇴적물 - 3~4주 (토양 발달; 토양과 환경; 사람과 생물학적 영력; 문화층과 토양; 토양미세구조 등)
- 지형 판독 - 1~2주 (지형 관찰; 독도법 등)
- 연대측정 - 1주
- 원격탐사 - 1주
- 현장수업 - 1~2주

즉, 지질고고학 교육은 전술한 연구목적을 이루기 위해 알아야 하는 다양한 지식을 소개하는 내용으로 구성되어 있고, 퇴적환경과 퇴적 유발 요인, 층서 발달과정, 퇴적인자로서의 인간의 활동, 연대측정과 원격탐사 등의 핵심주제를 중심으로 강의와 사례 소개 및 실습이 이루어진다. 그런 만큼 개론서는 일반적으로 그러한 주제와 함께 주제별 연구에 필요한 방법과 기법을 연구 사례와 함께 소개하는 내용으로 구성되어 있으며, 보다 최근에 간행된 책일수록 그 내용이 점점 더 자세하고 복잡해지는 추세이다.

지질고고학을 소개하고자 하는 책이라면 그러한 구미의 개론서만큼은 다루지 못해도 여러 관련 내용을 포괄적으로 다루어야 옳겠다. 그렇지만, 아직 연구가 출발점에 서지도 못한 우리 형편에서는 복잡한 내용을 정리해 한 권으로 묶기도 어렵거니와 외국의 연구사례 소개는 그리 의미가 없다고 생각한다. 따라서 이 책은 지질고고학의 모든 면모를 포괄적으로 설명하는 개론서라기보다는 지질고고학의 연구목적과 방법에 대한 초보적 소개를 도모하는 안내서에 불과한 내용으로서, 지질고고학 연구가 다루는 주요 주제와 관련된 개념을 소개하는 수준에 그칠 것이다. 그렇기 때문에 토양미세구조 분석처럼 매우 중요한 분야임에도 불구하고 우리나라에서는 독자적인 연구가 이루어지지 못하고 있는 내용은 설명하려 하지 않았고, 건조지대와 동토지대의 지질환경이나 풍성퇴적층처럼 일반적 관점에서는 중요하지만 우리나라와는 그리 관련되지 않는 사항도 다루지 않았다. 또한 우리나라에서는 고고학 학부과정 교육이 조사의 실무와 실습과 관련된 내용을 중시하고 있는 현실을 감안해, 지형 판독이나 연대측정 혹은 원격탐사 같은 주제는 〈고고학 실습〉, 〈고고학과 자연과학〉, 〈고고학 방법론〉 혹은 〈고고학 자료 분석〉 등의 과목에서 배우게 되므로 역시 다루지 않았다. 그러나 다만 연대측정 결과의 해석과 관련된 문제만큼은 퇴적환경과 맥락과 연관시켜 간단히 언급하였다.

그러므로 이 책은 주로 퇴적과 변형이라는 키워드를 중심으로 고고학 유적의 지질환경과 맥락의 이해와 관련된 몇 가지 주요한 주제를 중심으로 지질고고학의 연구내용을 간략히 소개하는 입문서로 구성하였다. 이어지는 다음 장에서는 퇴적물과 토양의 개념과 특징을 살펴보겠으며, 다시 차례대로 층서, 퇴적 영력으로서의 중력과 유수 운동, 그리고 기타 자연 영력과 인간의 활동이 고고자료에 끼치는 영향에 대해 살펴보겠다. 마지막으로는 임진강 유역에서의 연구 사례를 통해 지질고고학 연구의 현황에 대한 필자의 소회를 피력함으로써 마무리에 대신하고자 한다.

제2장

퇴적과 퇴적물

1. 퇴적층과 퇴적과정

고고학 조사의 대상인 유적은 사람의 활동이 남긴 흔적에 퇴적물이 쌓임으로써 만들어진다. 그러므로 유적을 형성하고 있는 퇴적층은 자연적으로 만들어진 퇴적물질과 인간 활동의 소산물로 구성되어 있다. 즉, 고고 퇴적층은 '흙'이나 '돌'과 함께 유물이나 유구 또는 유물과 유구의 제작에 필요한 원료나 도구 및 그 부산물로 구성되며, 단지 그 내용물의 종류나 상태가 다를 뿐이다. 예를 들어, 어느 유적의 퇴적층에서 중요한 유물이나 유구가 없더라도 불을 사용한 증거인 숯이 발견될 수도 있고, 혹은 구덩이나 유구의 안팎에서 복잡한 인간 활동의 산물이 잔뜩 뒤섞인 퇴적층을 확인하는 경우도 있다. 그렇기 때문에 유적을 비롯한 고고자료의 성격을 이해하려면 자료를 남긴 인간 행위가 무엇인지 파악하는 것도 중요하려니와, 고고자료가 포함된 퇴적층은 무엇으로 어떻게 이루어졌는지 이해하는 것도 매우 중요하다.

퇴적층 내에서 발견된 고고자료의 성격 파악과 해석이란 해당 퇴적층이 형성된 공간적 배경과 퇴적과정에 대한 이해와 밀접하게 관련된 문제이다. 당연한 말이지만, 퇴적층이 형성된 공간적 배경에 대한 이해가 중요한 것은 경관과 자원 분포는 인간의 행동양식을 결정해주는 등, 주어진 지점에서의 인간행위에 큰 영향을 주기 때문이다. 즉, 공간은 인간 활동과 직결된 중요한 자원의 하나로서, 그러한 자원으로서의 공간을 구성하고 있는 지형, 수계, 토양, 식생 등의 각종 환경요소가 무엇인가에 따라 인간의 주거양식이나 행위양식은 달라지지 않을 수 없다. 따라서 인간의 활동을 반영하고 있는 고고자료는 궁극적으로는 그것이 놓여 있는 공간이라는 자원의 특성과 차이를 반영하며 그 모습이 만들어졌다고도 할 수 있다. 뿐만 아니라, 고고자료가 놓인 공간을 구성하는 여러 조건은 고고자료의 형성과 보존 그 자체에도 큰 영향을 미치기 마련이다. 그렇기 때문에 인간행위에 영향을 끼치는 일차적 환경요인으로서의 공간에 대한 이해는 인간행위를 이해하기 위한 고고자료 해석의 출발점이 될 수 있다는 중요한 의미를 갖고 있다.

공간적 배경과 더불어 퇴적과정에 대한 파악과 이해가 필수적인 이유도 긴 설명이 필요하지 않을 것이다. 공간이라는 자원과 깊은 관계를 갖고 만들어지기 마련인 인간행위의 산물은 퇴적과정을 거치며 고고자료가 되므로, 그것의 이해는 당연히 중요하다. 고고자료가 만들어지는 과정에는 물론 인간의 활동도 기여하게 된다. 그렇지만, 이것은 기본적으로 각종 영력이 자연의 법칙에 따라 작용하며 이루어지는 과정이라고 할 수 있다. 〈표 1〉은 그러한 유적형성과정을 통해 고고자료가 퇴적층에 편입되는 절차를 개념적으로 모식화한 도표이다.

[표 1] 유적 형성과 변형과정 및 자료 해석 절차의 개념도

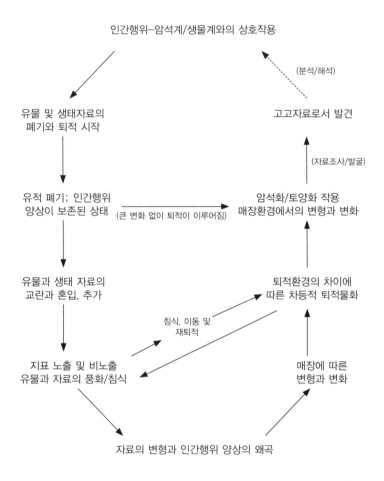

인간행위-암석계/생물계와의 상호작용

(분석/해석)

유물 및 생태자료의
폐기와 퇴적 시작

고고자료로서 발견

(자료조사/발굴)

유적 폐기; 인간행위
양상이 보존된 상태   (큰 변화 없이 퇴적이 이루어짐)

암석화/토양화 작용
매장환경에서의 변형과 변화

유물과 생태 자료의
교란과 혼입, 추가

퇴적환경의 차이에
따른 차등적 퇴적물화

침식, 이동 및
재퇴적

지표 노출 및 비노출
유물과 자료의 풍화/침식

매장에 따른
변형과 변화

자료의 변형과 인간행위 양상의 왜곡

유적을 비롯한 고고자료를 만든 퇴적과정이 구체적으로
어떠한 단계로 구성되었으며 각 단계가 어떤 양상이었는가는
모든 경우마다 각각 다를 것이다. 그렇지만 고고퇴적층도 자연

적으로 만들어진 퇴적층과 마찬가지로, 풍화, 침식, 운반, 퇴적 및 재퇴적, 그리고 퇴적 이후의 변형이라는 일련의 단계로 구성된 퇴적과정을 거쳐 형성된 것이다. 따라서 퇴적층 형성의 일반과정에 대한 이해는 고고학적 퇴적층의 성격을 파악하기 위해 필요한 기초가 된다. 즉, 고고퇴적층도 자연적인 퇴적층과 마찬가지로 기본적으로 자연환경에서 〈흙〉이 만들어지고, 운반되고, 쌓이는 과정을 따라 형성된 것이다. 따라서 지질고고학을 연구하고자 한다면 무엇보다도 앞서 〈흙〉으로 구성된 퇴적층이 형성되는 과정을 이해하고 있어야 한다.

2. 퇴적물로서의 고고자료

그런데 우리가 일상에서 〈흙〉이란 말을 쓸 때, 이것은 대체로 지표를 구성하고 있는 물질로서 바위와 같이 단단하게 고화된 상태의 덩어리가 아닌 '작고 고운' 입자의 물질을 가리키는 뜻으로서 사용하고 있다. 즉, 〈흙〉은 지표를 구성하고 있는 지질학적 기원의 물질로서 고화되지 않은 작은 입자의 물질을 가리키는 명사로서, 영어의 〈earth〉, 〈dirt〉 같은 단어에 상당한다고 할 수 있다. 그러나 이러한 식으로 사용하는 〈흙〉이란 말은 그 뜻이 명확하게 정의된 학술용어는 아니다. 우리가 일상에서 〈흙〉이라 부르는 것은 학술적으로 정의된 개념을 지닌 용어로서는 퇴적물(sediment)과 토양(soil)이라는 두 가지로 나누어 생각할 수 있다.

〈흙〉과 관계된 용어로서의 퇴적물은 암석이 잘게 부서진 입자를 가리킨다. 여기서 잘게 부서졌다는 것은 상대적 의미일 뿐인데, 퇴적물은 눈으로 가늠하기 어려울 정도로 작은 μm 단위에서 두 손으로 들기 쉽지 않은 수십 cm짜리 자갈에 이르도록 크기가 다양하다(표 2). 따라서 퇴적층이란 입자 크기와 관계없이 암석이 잘게 부서진 퇴적물이 쌓여서 만들어진다. 일단 퇴적물이 쌓인 다음, 퇴적층은 시간의 흐름과 더불어 각종 요인이 작용하며 풍화를 입게 된다. 그에 따라 퇴적물의 물리화학적 성격도 조금씩 바뀌어나간다.

뒤에 다시 다루겠지만, 퇴적물과 대비되는 용어로서 토양이란 퇴적이 이루어진 다음 그러한 풍화과정을 겪어 일정한 특성을 갖게 된 퇴적층의 특정 부분을 가리킨다. 일반적으로 이 말은 퇴적층 중에서 유기물이 살고 있거나 살 수 있는 특정 부분을 가리킨다. 즉, 퇴적층은 궁극적으로 암반의 풍화에서 기원한 퇴적물이 지표에 쌓여 만들어지며, 토양은 그렇게 쌓인 퇴적층의 일부가 물리적, 화학적, 생물학적 요인의 작용으로 원 퇴적물의 성격과 다르게 변해 만들어진 것이라고 할 수 있다.

퇴적물과 토양은 만들어진 자리에서 움직이지 않고 그대

[표 2] 지질학/퇴적학(왼쪽) 및 토양학(오른쪽)에서 사용되는 대표적인 퇴적물 입자 크기 분류 방식. 이 두 기준은 흔히 웬트워스 분류법 및 USDA(미국 농무성) 분류법이라고 일컬어진다. (출전: R&H Fig. 3.16)

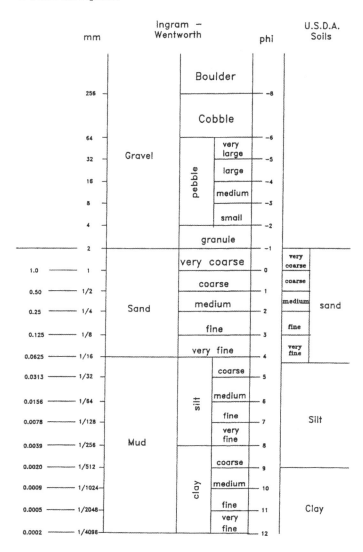

로 남아 있기도 하지만, 많은 경우 유수나 중력 등의 작용으로 다른 곳으로 옮겨져 다시 퇴적층으로 쌓이기도 한다. 이때 물질이 운반되는 정도나 거리는 입자의 크기나 성질 혹은 영력의 종류나 강도에 따라 크게 다를 수 있다.

그런데 지질고고학 연구와 관련되어 중요한 사항은 고고자료는 거의 예외 없이 원래 만들어진 자리에 그대로 남아 있는 퇴적물과 토양 속에 들어가 있는 것이 아니라 그것들이 운반되어 다시 쌓인 퇴적층 속에 놓여 있다는 사실이다. 그러므로 지질고고학의 관점에서는 자연적으로 만들어진 퇴적물뿐만 아니라 토양과 섞여 유적을 구성하는 퇴적층 속에 살아남아 있는 각종 유물이나 유구 등의 고고자료도 일종의 퇴적물이라고 생각할 수 있다. 즉, 고고자료란 인간행위로 만들어져 퇴적층 속에 남겨진 특수한 종류의 퇴적물로서, 말하자면 일종의 생물학적 기원 퇴적물이라고 여길 수 있다.

지질고고학 연구에서는 그렇게 퇴적층 속에 포함된 고고자료라는 특수한 퇴적물을 남긴 인간행위가 언제 있었고, 당시의 지형과 환경은 어떤 조건이었고, 또 그러한 고고자료가 구체적으로 어떤 과정을 겪으며 만들어졌고, 만들어진 다음에는 어떤 변형과정을 겪었는지를 설명하지 못한다면, 다음 단계로 나아가기 어려울 수밖에 없다. 그러한 설명을 하려면 우선 해당 퇴적층이 만들어진 과정과 퇴적층을 구성하는 퇴적물의 종류와 특성 및 상태가 무엇인지 파악하는 것이 무엇보다도 필요하다. 또한 이러한 파악은 퇴적층이 형성되는 과정에 대한 이해를 필요로 한다.

모든 퇴적층은 그 내용물이 무엇이건 퇴적층을 구성하는 퇴적물이 기계적 과정과 화학적 과정의 어느 하나를 거치며 쌓임으로써 만들어진다. 기계적 과정이란 퇴적물 입자가 물리적으로 운반되고 쌓이는 과정이며, 화학적 과정이란 특정 지점에서 모종의 화학반응이 계속 일어나 퇴적물이 계속 만들어져 쌓이는 현상을 가리킨다. 후자의 예로서는 건조지역의 호수바닥이나 퇴적층 내에 석고나 방해석 결정물이 두텁게 쌓이는 것을 들 수 있다. 그러나 우리나라에서는 석회암 지대 동굴에서 지하수 작용으로 탄산칼슘 층이 쌓여 석회마루가 만들어지는 경우를 제외하면 퇴적물이 화학적 과정으로 쌓이는 사례는 없고, 고고자료가 화학적 과정으로 형성된 퇴적물 속에 포함되어 있는 사례 또한 전 세계에 걸쳐서도 매우 드물다. 다시 말해, 유적을 구성하는 퇴적층은 폐기된 문화적 산물과 자연적으로 만들어진 퇴적물이나 토양이 기계적 퇴적과정으로 함께 쌓이거나 후자가 전자를 덮어버려 만들어지는 것이 상례라고 하겠다.

고고자료를 구성하고 있는 퇴적층의 형성을 비롯한 기계적 퇴적은 사람이나 동식물의 작용 때문에 일어나기도 한다. 그렇지만 기계적 퇴적은 대체로 물과 바람 및 중력이라는 세 종류의 영력이 독자적으로 혹은 함께 작용함으로써 이루어진다. 물, 바람, 중력은 각각 상이한 방식으로 퇴적물 입자를 운반하고 퇴적시키므로, 입자의 크기, 형태와 퇴적의 양상은 해당 퇴적물의 운반 과정과 기제 및 층서 발달과정에 대한 기본 정보를 제공해준다.

퇴적이 단시간 내에 하나의 과정으로만 이루지는 경우에는 상대적으로 두텁고 동질적인 퇴적층이 만들어질 수 있다. 그러나 퇴적은 대개 장기간에 걸쳐 일어나므로, 시간의 흐르며 다른 종류의 영력이 작용하거나 동일한 영력이라도 다른 방식으로 작동하는 등, 퇴적과정은 다양한 내용과 양상으로 일어나는 것이 보통이며, 하나의 영력이 지속적으로 작용하는 경우에도 퇴적과정은 시간의 흐름에 따라 변화할 수 있다. 따라서 퇴적층에서는 〈그림 1〉에서처럼 상이한 내용과 성격의 퇴적물이 시간의 흐름에 따라 쌓인 모습을 볼 수 있게 된다. 퇴적물이 일단 쌓인 다음에는 시간이 흘러도 원 모습이 그대로 유지될 수 있지만, 각종 물리적, 화학적, 생물학적 요인의 작용과 더불어 종종 그 외형이나 성질이 바뀌며, 심지어 완전히 다른 모습이 되거나 혹은 파괴되고 사라질 수도 있다.

이러한 자연적 요인으로 일어나는 변화와 더불어, 지질고고학의 연구대상이 되는 퇴적층은 대부분 인간 활동과 밀접한 관계를 갖고 만들어지고 변형된 것이기 때문에 자연적 요인만

사면붕괴 퇴적물

하천퇴적물

기반암

[그림 1] 퇴적층은 시간이 흐르며 여러 영력이 다양한 방식으로 작용해 만들어진다. 위: 동해안 정동진 부근에 노출된 단면에서는 기반암 위에 하천운동으로 쌓인 두터운 퇴적층을 사면퇴적물이 덮고 있다. 아래: 전곡리 구석기 유적 일대에서 기반암(용암) 위에는 하천운동으로 사층리와 수평층리가 잘 발달한 모래가 쌓이고 그 위로 유물이 포함된 범람원 퇴적물이 쌓여 있다.

으로는 설명할 수 없는 변화도 입기 마련이다. 예를 들어, 농경지를 비옥하게 만들기 위해 사람이나 동물 배설물을 거름으로 주는 행위는 인과 같은 성분을 퇴적층에 인위적으로 추가시킴으로써 퇴적물이나 토양의 성질을 변형시킨다. 그러한 인간 활동이 퇴적물과 토양에 끼치는 영향은 유관 자연과학 분야의 연구자에게는 큰 관심사항이 아닐 수 있으나, 지질고고학 연구자에게는 중요한 문제이다.

시간이 흐르며 변화를 겪기 마련인 퇴적층은 층의 구성이나 퇴적물 그 자체에 그러한 변화의 흔적을 간직하게 된다. 그러므로 퇴적층을 구성하는 입자의 형태나 크기, 분포, 배치와 구성을 비롯한 여러 특성에 대한 세심한 관찰은 유적을 비롯한 고고자료의 형성과 변형과정을 파악하는 첫걸음이다. 고고자료가 만들어져 오늘에 이르기까지의 과정을 파악하고 복원하는 연구는 퇴적층과 퇴적물에 대한 그러한 관찰로부터 시작하기 때문에, 지질고고학 연구자는 현장에서 유적과 퇴적층의 성격을 말해주는 정보를 관찰할 수 있는 능력을 갖추어야 한다.

3. 풍화

이미 말한 바처럼, 퇴적층을 구성하는 모든 퇴적물과 토양은 궁극적으로 암반이 풍화해 잘게 부서짐으로써 만들어진다. 즉, 모든 퇴적층은 기반암 풍화로 만들어진 퇴적물 내지 그런 퇴적물이 다시 풍화를 입어 새로이 만들어진 퇴적물이나 토양으로 구성되어 있다.

기반암의 풍화나 퇴적물의 2차 풍화로 만들어진 퇴적물 입자가 운반되고 쌓여 퇴적층이 만들어진 다음, 퇴적층을 구성하는 물질은 다시 침식, 운반되어 다른 곳에 쌓일 수 있다. 이렇게 한 차례 혹은 여러 차례의 운반과 퇴적을 거치고 최후로 만들어진 퇴적층은 변형을 겪게 된다. 그러한 퇴적 이후 단계에 일어나는 대표적 변형이 바로 토양의 발달이다. 즉, 퇴적이 완료되면 퇴적물은 물리적, 화학적, 생물학적 작용을 받으며 변형되기 시작하는데, 그로부터 퇴적층의 토양화가 이루어진다. 토양화의 진행과 더불어 퇴적층의 각 부위는 일정한 특징을 지니게 되어, 퇴적층의 단면에서는 토양 발달로 만들어진 그러한 이차적 변형으로 인한 층의 발달을 관찰할 수 있다.

자연 퇴적물과 마찬가지로 퇴적층을 구성하는 퇴적물로서의 고고자료도 풍화, 운반과 퇴적 및 퇴적 이후의 변형이라는 과정을 겪는다. 즉, 모든 고고자료는 폐기가 이루어진 상태에서 대기에 노출되어 풍화를 입기 마련이고, 운반과 퇴적과정에서도 풍화되고 침식되기 마련이다. 퇴적이 끝나 퇴적층의 일부로 살아남게 된 고고자료는 속성작용(續成作用; diagenesis)이라고 하는 퇴적물의 암석화(lithification) 과정을 겪을 뿐만 아니라,

토양형성과정(pedogenesis)이나 생물교란작용(bioturbation) 등으로 인한 변형을 입기 마련이다. 그 결과 고고자료는 원래와 크게 다른 모습이 될 수 있기 때문에 그러한 여러 단계의 과정을 겪으며 입은 변화를 판단하는 것은 과거 인간행위를 복원함에 필요한 기초적 검토사항이다.

풍화란 지구의 표면이나 표면 가까이 있는 암석권(lithosphere)에서 암석을 구성하고 있는 물질이 물리적 작용이나 화학적 작용 혹은 양자의 영향을 동시에 받아 잘게 부서지는 현상이라고 정의할 수 있다. 풍화는 침식을 발생시키는 가장 중요한 요소로서, 퇴적층 형성의 첫 단계이기도 하다. 풍화는 기반암이나 기존의 퇴적물로부터 새로운 퇴적물을 만들어낼 뿐만 아니라 암반을 그대로 토양으로 변화시키기도 한다. 암반의 제자리 풍화(*in situ* weathering) 결과 만들어진 토양은 다시 운반되어 퇴적될 수 있다. 제자리 풍화를 일으키는 요인을 비롯한 모든 풍화작용은 크게 두 종류로 나누어 생각할 수 있다. 즉, 풍화에는 물질의 외형적 상태에 변화를 일으키는 기계적 혹은 물리적 풍화 및 그 구성성분을 변형시키는 화학적 풍화가 있다.

기계적 혹은 물리적 풍화란 절리나 균열의 발생 혹은 결빙작용으로 큰 덩어리가 작은 조각으로 깨지는 것처럼 풍화 대상물의 물리적 상태를 변화시키는 작용을 가리킨다. 그러한 물리적 상태의 변화를 가져오는 요인으로는 유기물이나 유수 작용,

동결현상처럼 물질의 팽창과 수축을 유발하는 온도 변화, 결정 광물의 형성과 발달, 암반 노출에 따른 압력 감소 같은 현상을 들 수 있다. 또한 바람에 의한 마모와 침식이나 동물의 굴 파기 또는 나무뿌리의 성장과 같은 동식물 활동도 물리적 풍화를 일으킨다.

화학적 풍화는 기계적 풍화로는 일어날 수 없는 물질구성 성분의 변화를 일으킨다. 화학적 풍화는 거의 예외 없이 빗물이나 지하수를 비롯해 물이 풍화과정에 어떤 방식으로건 개입함으로써 일어난다. 물은 산화, 가수분해 혹은 이온 교환과 같은 화학반응을 유발시켜 대상물의 화학적 성분을 바꾸거나 암석결정의 연결을 약화시킨다. 또 화학적 풍화는 물질의 부피를 총량적으로 크게 증가시키거나 혹은 물성을 약화시킴으로써 대상물질의 물리적 상태를 기계적 풍화에 보다 취약한 상태로 만들어버려 풍화를 더욱 촉진시킨다. 화학적 풍화는 특히 물질의 화학성분을 변형시켜 점토광물을 만드는 중요한 일을 하는데, 만약 암석의 화학적 풍화로 판상구조의 점토가 만들어지지 않았다면 지구상에는 토기를 만들 재료가 존재하지 않았을 것이다.

그런데 위의 설명이 시사하듯, 물리적 풍화와 화학적 풍화는 함께 일어나는 것이 상례이다. 즉, 나무뿌리가 바위 틈새를 파고들면 뿌리가 성장함에 따라 물리적 풍화가 일어나며, 이와 동시에 뿌리에서 방출된 유기산과 틈새로 들어온 빗물은 화학적 풍화를 일으킨다. 또 물리적 풍화 때문에 큰 덩어리가 여러 작은 조각으로 나뉘게 되면 물질의 표면적이 기하급수적으로 증가함에 따라 화학적 풍화를 입을 수 있는 표면적도 그만큼 증가함으로써 풍화의 속도가 빨라지게 된다. 물질이 풍화를 입게 되면 해당 물질의 물리화학적 상태는 보다 취약하게 되지 않을 수 없으며, 일단 시작된 풍화는 점점 가속적으로 진행된다. 유물이나 유구와 같은 고고자료 역시 다른 퇴적물과 마찬가지로 퇴적층 속에 포함되기 전뿐만 아니라 포함되고 난 다음에도 풍화를 피할 수 없다. 따라서 그 상태는 시간이 흐르며 점점 취약해지기 마련이다. 연구자가 고고자료 수습과정과 수습 이후의 관리에 주의를 기울이고 필요한 조치를 취해야 하는 것은 자료가 풍화를 입어 물리화학적으로 취약한 상태가 되었으므로 수습과 운반 및 보관 과정에서 쉽게 파손될 수 있기 때문이다.

풍화의 속도나 정도는 풍화 대상이 되는 물질의 암석학적, 광물학적 특성과 깊은 관계가 있다. 예를 들어 광물 결정이 상대적으로 약하게 연결된 화산암류는 화학적 풍화에 상대적으로 취약하고, 탄산염을 많이 포함하고 있는 퇴적암류는 물리적 풍화에 취약한 편이다. 또 암석이 보다 크고 거친 형태의 입자로 구성되어 있다면 물리적 풍화로 잘게 쪼개질 가능성이 보다 높을 것이다. 이외에도 풍화의 속도와 정도는 기후, 지형, 고도와 위도 혹은 식생 등의 여러 요인에 의해서도 영향을 받는다. 예를 들어, 보다 춥고 건조한 환경에서는 물리적 풍화가 상대적으로 활발하지만 덥고 습윤한 환경에서는 화학적 풍화가 상대적으로 잘 일어나며, 식생이 무성한 환경은 그렇지 않은 환경보다 화학적 풍화가 상대적으로 일어나기 쉬운 조건이라고 할 수 있다.

암석이 장기간 풍화를 입게 되면 풍화를 견디어 낼 수 있는 보다 단단한 부분만이 살아남기 마련이다. 그런 경우에는 일련의 독특한 지형이 만들어지기도 한다. 비록 미국 서남부에서 볼 수 있는 거대한 암석 탑 같은 규모는 아니지만, 그러한 풍화 지형은 우리나라 곳곳에서 찾아볼 수 있다. 즉, 전국 각지의 화강암 산지에서 흔히 볼 수 있는 흔들바위 같은 크고 둥근 암괴는 암반이 지표에 드러나며 지중에서 받고 있던 압력이 급격하게 감소함에 따라 박리작용(exfoliation)이 급속히 진행되어 표면이 계속 겹겹이 떨어져 나감으로써 만들어진 것이다. 또 설악산 공룡능선 같은 험준한 능선은 풍화에서 가장 단단한 부분만이 살아남아 만들어진 지형이다.

국토의 70%가 산지인 우리나라에서, 암반 풍화에서 기인한 풍화물질은 토양화가 이루어지지 않은 상태에서 평지에 운반되어 퇴적되는 일이 흔히 발생한다. 〈그림 2〉에서 보는 것처럼, 화강암이 현저히 발달한 우리나라에서 화강암반의 풍화는 궁극적으로 평지의 퇴적층 구성물질을 공급하는 중요한 역할을 하고 있다. 화강암 풍화는 그루스(grus)라고 하는 알갱이 같은 퇴적물을 만들어내는데, 풍화에 강한 물질로 구성된 이러한 작은 암반 쪼가리들은 풍화되지 않은 채 운반되어 사면이나 골짜기에 쌓여 유적의 퇴적층을 구성하는 경우를 흔히 볼 수 있다.

[그림 2] 좌: 도봉산 등산로에 있는 "인절미바위"는 화강암의 풍화로 암반이 박리되는 도중의 모습을 보여준다. 우: 험준한 능선을 이루고 있는 단단한 화강암반도 풍화를 입으면 작은 입자로 잘게 부서진다. 부서진 입자는 유수와 중력의 작용으로 저지대로 이동해 쌓여 퇴적층을 이룬다.

제3장

토양

1. 퇴적과 변형

풍화로 만들어진 퇴적물 입자는 물, 바람, 중력이나 빙하와 같
은 영력에 의해 운반되어 쌓이며, 또 그런 과정에서 침식도 입
게 된다. 퇴적물이 운반되는 경로와 과정도 그렇지만, 궁극적으
로 퇴적층이 만들어지는 종착점에서도 퇴적과 관련된 조건은
모두 다르기 마련이다. 퇴적물이 풍화에서 퇴적에 이르기까지
겪은 그러한 상이한 과정과 환경은 일차적으로 퇴적물과 퇴적
층의 상태가 말해준다.

일반적으로 퇴적물의 운반과 퇴적과정에 가장 큰 영향을
끼치는 요인은 운반되는 입자의 크기와 무게 및 운반영력의 에
너지라고 할 수 있다. 즉, 입자가 보다 작고 가벼울수록, 또 운
반영력의 에너지가 보다 클수록 퇴적물은 보다 멀리까지 운반
된다. 그러므로 하상 경사가 급하며 그에 따라 유속이 빠른 하
천 상류에서는 운동에너지가 상대적으로 크기 때문에 작고 가
벼운 입자는 하류로 쓸려가 버려 크고 무거운 입자가 불규칙하
게 쌓이게 된다.

입자의 운반과 퇴적과 관련한 이러한 일반적 법칙은 고고
자료에 대해서도 마찬가지로 적용된다. 따라서 같은 지형조건
의 하천 가장자리에 만들어진 유적이더라도, 급격한 범람으로
어느 한순간 퇴적물에 덮여 만들어졌는지 혹은 여러 해에 걸쳐

퇴적물이 천천히 쌓였는지에 따라 보존된 자료의 양과 상태가 다를 것이다. 그러므로 유적과 퇴적층에 대한 지질고고학 연구는 퇴적물의 입자와 구성, 층서발달 양상 등을 면밀하게 관찰함으로써 퇴적이 이루어진 방식을 판단하는 일부터 시작해야 한다. 그러한 판단을 내리려면 물질의 운반과 퇴적운동은 어떤 식으로 퇴적층을 만드는 것인지 이해할 필요가 있다.

퇴적물 입자를 원래의 위치에서 이동시키는 운반운동은 다양한 규모와 방식으로 일어난다. 경사면을 졸졸 흘러내리는 빗물이건 혹은 도도히 흐르는 큰 하천이건, 움직이는 물은 그 규모가 크건 작건 퇴적물 입자를 운반하기 마련이며 일단 운반된 물질은 어딘가에 쌓이게 된다. 퇴적물을 운반하고 퇴적시키는 물의 흐름은 기본적으로 중력 때문에 발생하는데, 중력은 또 그 자체로서 물질을 움직이는 요인이기도 하다. 즉, 입자의 물리적 결합이 약한 상태에서 일어나는 사면 붕괴는 중력방향으로 물질이 떨어져 움직이는 현상인데, 이때 물질에 포함된 수분이 많아 점도가 높다거나 경계면에 물이 스며들어 마찰력이 줄었다거나 한다면 사면 붕괴는 더 수월히 일어날 것이다. 이러한 급격한 퇴적현상이 사람이 사는 곳을 덮치게 되면 당사자에게는 큰 불행이지만, 마치 폼페이와 같은 좋은 상태로 보존된 유적이 만들어질 수도 있다.

우리나라에서는 그 정도를 실감하기 어렵지만, 바람도 퇴적물의 운반과 퇴적을 가져오는 중요한 영력이다. 우리가 봄철에 자주 겪는 황사는 서북풍을 타고 실트 크기 입자의 물질이 몽골과 중국 북부의 기원지에서 날아오는 현상인데, 이러한 현상이 수만 년 이상 수백만 년 계속된 중국이나 유럽 혹은 북미 일부지역에서는 엄청난 두께의 퇴적층이 만들어졌다. 강한 바람은 자갈과 모래도 운반하는데, 바람이 운반하는 자갈과 모래는 이동과정에서 만나는 물질과 부딪치며 그 표면을 침식시킨다. 북아프리카나 중앙아시아 등지의 건조지대에서는 그러한 침식으로 훼손된 유적을 종종 볼 수 있다.

유수 같은 지질영력보다 규모나 가시도는 낮지만 생물, 즉 동식물과 사람도 퇴적물과 토양 입자의 운반과 퇴적에 기여한다. 사람에 대해서는 굳이 설명할 필요가 없겠지만, 식물의 경우에는 주로 생장하며 뿌리가 뻗어나가는 과정에서 주변의 퇴적층과 토양에 영향을 끼치고, 또 나무가 죽거나 쓰러져 땅속의 뿌리가 썩어 없어지거나 움직일 때도 그런 일이 발생한다. 이러한 생물학적 교란(bioturbation) 중에서 가장 확연히 눈에 띄는 현상은 〈그림 3〉에서 보는 바와도 같이 서식처를 만드는 동물의 굴 파기(burrowing) 행위일 것이다.

동물들은 또 땅속을 이동하며 교란을 일으키기도 하고, 심지어 땅을 밟고 다니는 것만으로도 퇴적물이나 토양 입자가 원래의 위치에서 움직일 수 있다. 고고자료도 다른 퇴적물과 더불

[그림 3] 2012년 몽골 라산하드 구석기유적 발굴 중 드러난 최근에 이루어진 동물에 의한 교란 흔적. 작은 설치류가 판 굴 속에서 발굴단이 버린 쓰레기가 발견되기도 했다.

어 이러한 생물학적 요인의 영향으로 원래의 위치를 벗어나 문화적 맥락이 전혀 상관없는 지점에 다시 놓이거나 여러 시기의 것들이 함께 섞일 수도 있다(그림 4). 특히 나무가 쓰러지는 과정에서 만들어질 수 있는 지하공간에 점토나 광물질이 면을 따라 집적되거나 주변에 있던 유물들이 모이게 된 곳을 발굴하는 경우에 이것을 수혈주거지와 같은 모종의 인공유구로 판단하

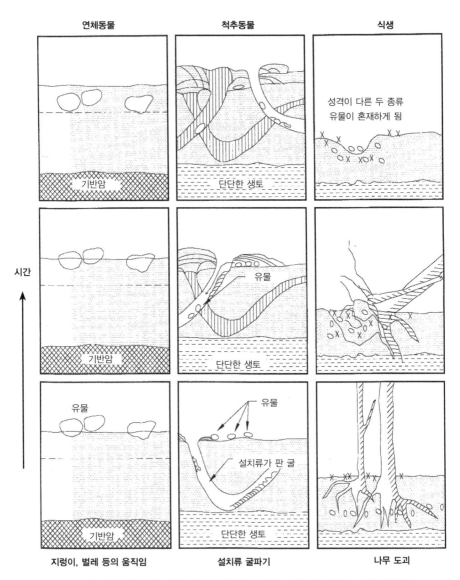

연체동물　　　　　　척추동물　　　　　　식생

성격이 다른 두 종류
유물이 혼재하게 됨

기반암　　　　　　단단한 생토

시간

기반암　　　　　　단단한 생토　　　　　　유물

유물

유물　　　　　　유물

설치류가 판 굴

기반암　　　　　　단단한 생토

지렁이, 벌레 등의 움직임　　　　설치류 굴파기　　　　나무 도괴

[그림 4] 땅속에서 사는 지렁이 등의 연체동물이나 작은 포유류 및 식생으로 인한 생물학적
교란에 대한 모식도. (출전: R&H Fig. 3.16)

[그림 5] 파주 금파리 구석기 유적에서 주거지로 오인된 구덩이. 〈그림 4〉의 오른쪽 모식도에서 보는 것처럼, 나무가 넘어지며 뿌리 부분에 생긴 원형에 가까운 불규칙한 지하공간에 퇴적물과 유물이 모이게 된다.
(출전: 문연 사진 22, 9).

는 잘못을 범하는 경우도 그리 드물지 않다(그림 5).

이러한 생물교란작용은 퇴적 이후에 발생하는 입자의 물리적 위치를 변화시키며 그 결과 층서관계 파악에 큰 혼란을 불러일으킬 수 있을 뿐만 아니라, 전술한 바대로 새로운 화학물질을 퇴적층에 추가함으로써 그 구성성분에 화학적 변화를 일으키기도 한다. 즉, 소위 '문화층'을 비롯한 모든 퇴적층은 퇴적이 이루어지고 난 다음 반드시 물리적, 화학적 변화를 입게 되기 마련이다. 따라서 우리가 관찰하는 퇴적층은 퇴적 시점의 특성에 더해 퇴적 이후에 일어난 변화가 겹쳐 만들어진 모습인 것이다.

퇴적층이 만들어진 과정이 복잡하면 할수록 그에 대한 연구는 어려울 수밖에 없으며, 특히 모든 고고학 연구에서 중요한 연대 파악에는 더욱 많은 어려움이 따른다. 예를 들어, 고고자료의 연대를 퇴적층에서 수습한 퇴적물이나 토양 혹은 동식물 유존체의 연대측정 결과에 의존해 파악해야 하는 경우를 생각해보자. 이때 문제를 조금 단순화한다는 뜻에서, 알고자 하는 연대는 고고자료의 제작이나 사용중지 혹은 폐기시점이 아니라, 단지 자료가 퇴적층에 포함된 시점이라고 해두자. 이 가상의 상황에서, 동식물의 유해에서 얻은 탄소연대를 답으로 받아들이려면 최소한 퇴적층에 포함된 고고자료와 해당 유해가 동일시점에 퇴적되었음이 확인되어야 한다. 즉, 시료로 사용한 숯이나 뼈가 퇴적과정에서 교란 등의 이유로 고고자료보다 늦게 퇴적층 속에 들어간 것이 아님을 확실히 알 수 없다면, 측정된 연대는 도움이 되지 않는다. 이러한 판단은 결코 간단한 문제가 아닌데, 해당 층이 오래되면 될수록 그러한 관계의 파악은 더 어려워지기 마련이다. 더구나 연대 판단이 불에 탄 나무에서 얻은 방사성탄소연대 측정치에 의존하는 경우에는, 시료가 원목의 심재인지 변재인지, 혹은 나무가 죽고 퇴적되기까지 경과한 시간이 얼마인지에 따라 연대측정치는 퇴적 시점과 크게 다를 수 있다는 문제가 늘 따르게 된다.

퇴적의 동시성 파악은 근래 보다 널리 응용되고 있는 OSL 연대측정에서 더욱 문제가 될 수 있다. 이것은 왜냐하면 퇴적층의 구성과 퇴적 상황의 관찰이 불가능한 상태에서 시료를 떼어낼 수밖에 없기 때문이다. 게다가 퇴적물이나 토양의 OSL 연대측정은 퇴적물 입자가 운반되는 과정에서 축적된 에너지가 완전 방출된 다음 퇴적이 완성된 시점부터 새로 축적됨을 전제로 하는데, 채취한 시료가 과연 이러한 전제를 충족하는지 여부를 확인하는 것은 쉽지 않다. 우리나라 거의 모든 유적에서 퇴적층 구성물질이 이 방법을 적용하기에 썩 이상적이지 못하다는 사정을 감안할 때, 이 소위 축적 에너지의 불완전 침출(incomplete leaching)이라는 문제는 OSL 연대 해석에서 반드시 염두에 두어야 한다.

또 이 방법으로 수만 년 이상의 연대를 갖는 시료를 측정할 때에는 매우 큰 오차가 발생할 수 있다. 왜냐하면 시료에 축적된 에너지가 시간의 흐름에 따라 점차 포화상태(saturation) 수준에 다다르면 단위 시간당 에너지 축적량이 크게 줄어들기 때문에 측정의 민감도가 매우 낮아지기 때문이다. 이것은 마치 삼국시대 대형 토기를 실측할 때는 연필을 조금 두껍게 깎건 얇게 깎건 그리 큰 문제가 아닐 수 있지만 섬세한 금귀걸이는 연필심 굵기에 따라 완성된 실측도가 전혀 다른 모습이 될 수도 있다는 사정에 비유할 만하다. 이 측정치의 오차 문제는 우리나라 구석기 퇴적층의 연대 측정에서 특히 주의가 필요한데, 하나의 시료를 같은 사람이 동일한 실험실에서 동일한 여건 아래 여러 차례 측정하면, 매번 서로 단위를 달리할 정도로 크게 다른 결과가 나올 수 있다. OSL연대측정법이 갖고 있는 이 두 문제는 아직 뾰족한 해결책이 없다.

이러한 방법상의 한계는 OSL 측정법만이 아니라 모든 절대연대측정법이 안고 있는 문제이다. 나아가 특히 나이테연대측정법 정도를 제외하면 탄소연대를 비롯해 고고학에서 이용되고 있는 거의 모든 절대연대측정법은 시료의 연대를 통계적 확률로써 말해줄 뿐이라는 점은 연대측정결과를 해석할 때 늘 유념해야만 한다. 그러므로 연구자는 절대연대 측정결과를 액면 그대로 받아들여 연대를 단정하지 말고, 방법의 한계와 더불어 퇴적상황이나 층서관계를 비롯한 시료의 맥락과 관련된 모든 사항을 충분히 검토해야 한다.

그런데 그러한 모든 점을 고려해 판단을 내린다 하더라도, 예를 들어 유물의 제작연대나 폐기연대처럼 연구자가 알고자 하는 고고학적 사건의 시점과 퇴적층의 형성 시점은 전혀 다를 수 있다. 그렇다면 연구자는 사용하는 연대측정 방법의 원칙과 절차 및 장단점을 충분히 숙지해야 함은 물론이며, 지질고고학의 안목과 관점에서 알고자 하는 고고학적 사건과 연대측정 대상 자료를 어떻게 동기화할 것인가 하는 문제를 항상 생각해야 한다. 그러한 판단은 퇴적층에 대한 치밀한 관찰로부터 시작한다고 하겠다.

2. 토양 발달과 토양 단면

앞에서 말한 바대로, 퇴적물이 쌓여 퇴적층이 만들어지면 토양(soil)의 형성이라는 중요한 변형이 일어난다. 즉, 모든 퇴적층은 그 자체가 다시 풍화의 대상이 되며, 그 결과 퇴적물은 점차 토양으로 변하게 된다. 퇴적물과 대비되는 개념으로서 토양은 지표를 구성하고 있는 잘게 부서진 암석 조각들이 풍화를 입어 만들어진 물질(weathered rock mantle)이라고 정의할 수 있으며, 이것은 원래 그 자리에 있던 암석에서 만들어지거나 다른 곳에서 운반되어 쌓인 풍화모재(regolith)가 화학적 풍화를 입어 만들어진다.

그런데 토양이란 어휘는 이외에도 여러 가지 맥락에서 상이한 의미로 사용되고 있다. 즉, 토목공학에서는 토양을 고화되지 않은 흙이란 뜻으로서 주로 사용하며, 농학에서는 고화되지 않은 흙 중에서도 식물이 자랄 수 있는 특정부분을 의미하는 뜻으로 널리 사용하고 있다. 토양을 구성하는 물질은 개개 입자의 크기나 형태, 혹은 입자의 구성에서 다양한 모습인데, 〈표 3〉은 입자 구성에 따른 퇴적물 및 토양구성물질 분류방식을 보여준다.

토양이 만들어지는 것은 암반이나 퇴적물로 이루어진 풍화모재의 풍화과정에서 형성된 광물학적, 화학적 부산물이 씻겨나가기 때문이다. 그러한 토양형성과정에 영향을 끼치는 요인으로는 풍화모재(또는 토양모재), 기후, 유기물 활동 정도, 지형 경사도, 풍화 진행시간 등을 꼽을 수 있는데, 그중에서도 토양모재와 기후가 가장 중요한 요인이다. 특히 기후는 넓은 지역에 걸쳐 토양의 특성을 전반적으로 결정하는 중요한 인자이다. 우리나라에서는 흔히 '황토'라고 불리는 붉은 토양, 즉 적색토가 기반암의 암석학적 구성이나 지형적 특징 혹은 식생의 차이를 막론하고 국토를 뒤덮고 있는데, 이러한 적색토의 발달은 아마도 고온습윤한 한반도의 여름 기후와 관계될 것이라고 여겨지고 있다.

일단 만들어진 토양은 원래의 토양모재와 몇 가지 점에서 큰 차이를 보여준다. 즉, 토양은 재질감(texture)에서 토양모재와 확연하게 차이가 나는데, 왜냐하면 풍화로 인해 개개 입자의 크기가 매우 작아짐에 따라 전체적인 입자 크기 분포가 달라지기 때문이다. 입자의 형태 역시 크게 달라지며 입자와 입자

[표 3] 점토, 실트 및 모래 크기 입자의 양에 따른 퇴적물 분류 방식. 지질학계에서는 (a)에서 보듯 다양한 방식이 채택되고 있으며, 토양학계에서는 대체로 한 가지 방식(b)이 채택되고 있다. (출전: G&M Fig. 1.1)

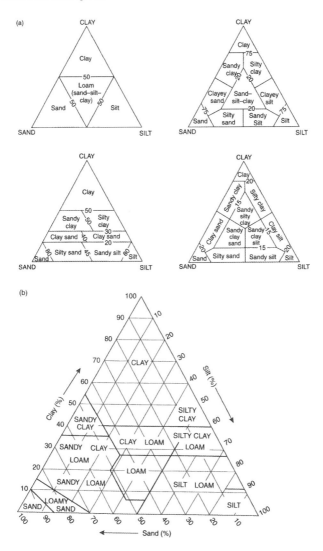

의 결합 양상을 비롯한 전반적 구조도 크게 변하게 된다. 이러한 기계적 특징뿐만 아니라 광물학적 구성과 화학적 구성에서도 토양과 풍화모재 사이에는 큰 차이가 있으며, 따라서 색상에도 변화가 나타난다. 마지막으로 중요한 점은 전술하였듯 토양의 형성과 더불어 풍화모재층에서는 존재하지 않던 이차적 층상구조(secondary layering), 즉 토양단면(soil profile)이 발달한다는 사실이다.

토양단면을 구성하는 층상구조란 구성 물질이나 색상에서 서로 구별되는 특징을 지니며 지표와 나란한 방향으로 발달한 일련의 토양대(soil horizon)를 가리킨다. 토양대가 만들어지는 것은 토양 형성과정에서 퇴적물에 포함된 여러 성분에 변화가 일어남과 동시에 각종 물질이 아래쪽으로 이동하기 때문이다. 토양단면을 구성하는 토양대에는 크게 O, A, B, C 및 R층이 있으며 각 층은 다시 세분되기도 한다(그림 6). 그러나 모든 토양단면에서 이러한 여러 층이 모두 관찰되는 것은 아니며, 특정 부위가 압도적으로 발달한 경우도 흔히 있다.

O층은 흔히 표토층이라고 불리며, 지표를 구성하는 층이다. 이 층에서는 동식물이나 박테리아 등의 유기체가 활동하고 있으며 그에 따라 일반적으로 짙은 색을 띠고 있다. 어떤 토양단면에서는 후대의 퇴적물에 덮여 매몰된 O층을 관찰할 수도 있다. A층은 토양 속을 움직이는 수분이 토양에서 용해성 성분

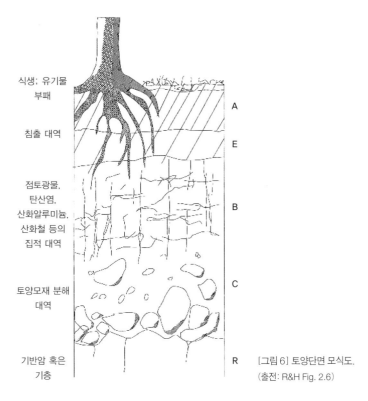

식생; 유기물
부패

침출 대역

점토광물,
탄산염,
산화알루미늄,
산화철 등의
집적 대역

토양모재 분해
대역

기반암 혹은
기층

A

E

B

C

R

[그림 6] 토양단면 모식도.
(출전: R&H Fig. 2.6)

을 빼앗아 수직방향으로 이동시키는 용탈(溶脫; leaching)이 일
어나는 구역이다. A층이 발달한 정도와 발달과정은 토양의 성
질이나 용탈되는 성분의 종류, 강수량, 식생 등 여러 요인의 영
향을 받으며, 따라서 좁은 지역에서도 위치에 따라 상이하게 만
들어질 수 있다. A층은 용탈로 인해 보다 밝은 색상을 갖게 되
며 입자 구성도 보다 거친 편이다. A층 하부의 용탈이 집중되는
부위는 따로 E층으로 불리기도 한다. A층에서 용탈된 산화철이

나 산화망간 혹은 탄산염이 그 아래에 쌓이며 B층을 만들게 된다. 따라서 B층의 여러 특성은 위의 A층과 대비되는데, 점토 입자가 보다 우세하고 색조도 짙어진다. 건조지역에서는 특징적으로 단단한 탄산칼슘대가 이 층에 만들어진다. C층은 기반암이나 토양모재로 구성된 R층과 그 위의 토양층 사이의 전이지대로서, R층의 물질이 약하게 풍화를 입은 양상으로 발견된다. 그런데 이러한 5개의 기본단위가 순서대로 나타나는 토양단면은 그리 흔치 않고, 대부분 훨씬 복잡하게 구성되어 있다.

과거에는 토양의 분류와 명명에서 마치 생물을 문-강-목-과-속-종의 위계로 분류하듯 전 세계의 수많은 종류의 토양을 위계적으로 분류하고 개개 토양에 학명을 부여하는 방식이 사용되었는데, 그 결과 수많은 토양 명칭이 제시되었다. 그러나 그러한 분류법은 너무나도 번잡스럽기 때문에 현재는 토양의 기술에서는 토양모재와 기후 및 토양의 화학적 특성을 묘사하는 방식이 주로 쓰인다.

기후와 토양의 특성 사이의 문제와 관련해, 특히 B층에서의 용탈 물질과 점토광물은 일반적으로 다음과 같은 특징을 보여준다고 설명된다. 우선, 사막과 같은 건조 혹은 반건조 지역에서는 지하에 스며든 수분이 빨리 증발하기 때문에 용탈된 탄산칼슘이나 기타 염기성 광물은 흔히 B층이나 C층 상부에 띠를 이루며 집적된다. 그런데 강수량은 많지만 기온이 상대적으로 낮은 환경에서는 증발량이 작기 때문에 거의 모든 탄산칼슘이나 염기성 물질은 B층에 쌓이지 않는다. 그 대신 B층에는 우리나라에서 잘 볼 수 있듯 알루미늄이나 철과 같이 물에 잘 녹지 않는 물질이 많이 포함된다. 한편, 열대나 아열대 지역과 같이 고온다습한 곳에서는 화학적 풍화가 극단적으로 일어나 퇴적층 상층부뿐만 아니라 하부에서도 용탈이 일어나며 빠져나가고 단지 알루미늄만이 토양 속에 남게 되는데, 그렇게 만들어진 토양이 붉은색의 라테라이트이다. 그러나 이와 반대되는 춥고 건조한 환경에서는 화학적 풍화가 잘 일어나지 않기 때문에 토양도 미미하게 발달한다.

앞에서 우리나라에서는 그루스로 구성된 퇴적층을 자주 볼 수 있다고 했는데, 거친 풍화물질이나 모래 같은 굵은 입자로 구성된 퇴적층에서 토양화가 이루어지면 매우 독특한 토양 단면이 만들어질 수 있다. 즉, 이런 퇴적층에서는 퇴적물에 포함된 철 성분이 아래로 용탈되며 B층에는 상하 일정한 간격을 두고 만들어진 일련의 붉은색 띠와도 같은 구조가 발달하게 된다. 이런 현상은 구릉 사면이나 강변을 막론하고, 일정한 크기와 형태의 거친 입자로 구성된 퇴적층에서 볼 수 있다. 발굴 현장에서 퇴적층의 이러한 이차적 변형을 처음 접하게 될 때에는 층서 구분이나 집자리 같은 유구의 평면 윤곽을 파악하며 판단에 어려움을 겪을 수 있다(그림 7).

[그림 7] 부여 화지산 백제유적 시굴구덩이에서 드러난 퇴적물의 2차적 변형 현상(2018년 5월). 토양 내 중금속의 용탈과 집적으로 만들어진 2차적 토양구조인 붉은색 띠가 거친 입자로 구성된 기반암풍화층과 후대의 퇴적층에 걸쳐 만들어졌다. 양자 사이의 경계를 확실히 파악하지 못하면 같은 띠가 계속된다는 사실 때문에 전혀 성격이 다른 두 층을 동일한 단위라고 파악하는 잘못을 저지를 수도 있다.

고고학 조사 과정에서는 유적의 퇴적층 속에 과거의 토양이 매몰되어 있는 상황에 부닥칠 수 있다. 이를 비롯해 과거에 만들어져 현재까지 유지되어 온 토양을 고토양(paleosol)이라고 한다. 고토양은 해당 지점의 지사를 이해할 수 있게 해주는 중요단서가 되는데, 보통 세 종류로 나누어진다. 가장 일반적인 것은 바로 매몰 고토양(buried paleosol)으로서, 퇴적물이나 후대의 토양이 그 위를 덮고 있으며 토양으로서의 활동성은 현재 갖고 있지 않은 것을 말한다. 다음으로는 매몰되지 않아 지표에 노출되었으나 활동성은 없는 잔존 고토양(relict paleosol)이 있다. 마지막으로는 한때 묻혔다가 지표에 다시 노출된 재표출 고토양(exhumed paleosol)이 있는데, 상황에 따라 활동성을 갖고 있을 수도 있고 없을 수도 있다.

관찰대상 토양단면이 고토양인지 여부는 식물 뿌리 등의 유기물 분포, 색상 등 토양 입자의 특성 등에서 판단할 수 있다. 특히 퇴적층의 특정 부위가 과거 어느 시점에는 지표였음을 말해주는 고고자료는 고토양을 판단하는 중요한 단서이다. 우리나라에서 구석기 유적은 거의 모두 잔존 고토양으로 구성되어 있으며, 신석기시대 이후의 주거유적에서 관찰되는 소위 문화층과 간층은 대체로 각각 매몰 고토양과 아직 토양화가 이루어지지 않은 퇴적물로 구성되었다고 할 수 있다.

퇴적 이후 토양이 형성되며 퇴적물에 포함된 성분이 원래 상태로건 변화한 상태로건 씻겨 나가거나 하방으로 이동하면 퇴적층에 포함되어 있는 고고자료는 당연히 그 영향을 받게 된다. 다시 말해 고고자료는 그러한 화학적 성분을 흡착하거나 상호반응하게 되는데, 그 결과 성분이 보다 단단해지거나 물러질 수 있다. 전자의 경우, 즉 고화와 암석화는 대개 탄산칼슘이나 산화철, 규소 성분을 흡착하거나 집적이 이루어져 일어나며, 그 결과 고고자료는 이후의 풍화에 보다 잘 견딜 수 있게 될 것이다. 예를 들어 패총이나 석회암 동굴에서 발견된 유물이 망치로도 깨기 힘들 정도로 단단하거나 서로 뗄 수 없을 정도로 엉켜붙어 있는 것은 탄산칼슘을 흡착해 고화가 이루어졌기 때문이

[그림 8] 전곡리에서 수습된 석기 표면에 띠 모습으로 흡착된 토양 내 중금속 광물의 2차 집적 현상.

다. 또 상대적으로 이른 시기의 우리나라 구석기시대 유물 표면에서 흔히 볼 수 있는 불규칙하며 검붉은 색조의 구불구불한 띠 모양 흔적은 용탈된 망간이나 철 산화물이 퇴적층 내부의 틈을 따라 석기 표면에 흡착된 것이다(그림 8). 이러한 이차적 변화와 관련된 증거는 시간의 흐름에 따라 유적이 겪은 환경 변화를 추정함에 도움을 줄 수 있다.

토양이 지표를 구성하는 고화되지 않은 다양한 종류의 암석 조각으로부터 만들어지는 한, 모든 토양이 균질적일 수 없으며 수많은 미세한 차이가 있을 수밖에 없다. 그러므로 토양을 관찰함에 있어서는 모든 특징을 세밀하게 다 찾으려하기보다 토양과 토양단면의 전반적 특징을 관찰하고 이해하는 것이 보다 중요하다. 그러한 관찰로부터 토양의 색상, 구조, 재질, 입자 구성, 토양층위의 발달과 층 경계면의 양상 등을 총체적으로 파악함으로써 토양발달과정 그 자체와 토양발달에 영향을 미친 환경조건을 유추할 수 있다.

제4장

증서

1. 층서의 개념

실물 자료를 다루는 다른 모든 분야와 마찬가지로, 고고학 연구에서도 자료에 대한 경험적 관찰은 연구의 출발점이다. 앞에서 말한 바대로, 지질고고학 연구는 우선 퇴적층이 어떠한 물질로 구성되었고 어떠한 양상으로 쌓여 있는가를 자세히 살피는 일, 즉 층서의 관찰과 판단 및 기록에서부터 시작한다고 해도 과언이 아니다. 각종 자연작용과 인간 활동의 영향을 받고 만들어진 하나하나의 퇴적층과 그런 퇴적층들이 모여 이루는 층서에 대한 관찰과 판단은 실험실에서 이루어지는 각종 분석을 통해 검증되고 그 내용을 보충하게 된다.

층서 관찰은 조사 대상이 되는 개별 유적이나 유물출토지점 그 자체에 대해서뿐만 아니라 유적 형성과 입지의 환경적 맥락을 충분히 이해할 수 있는 보다 넓은 공간적 범위를 대상으로 삼아 이루어져야 한다. 하나의 퇴적단면에서 시작해 광역에 걸쳐 이루어져야 하는 층서 관찰은 연구지역의 경관적 맥락과 퇴적 배경에 대한 판단을 필요로 하는데, 이것은 퇴적물과 퇴적과정에 대한 이해로부터 시작한다.

층서 또는 층위라는 말은 고고학 연구자에게 익숙한 용어이다. 이 말은 대체로 퇴적물이 쌓여 만들어진 층의 양상을 가리키며, 암석이나 퇴적물 혹은 토양으로 이루어진 단위 층의 구성과 변화를 가리킨다고 일컬어진다. 그런데 충서란 이러한 통념보다 복잡한 개념이다. 위에서 말한 우리에게 익숙한 충서는 암석학적 구성을 기준으로 한 개념으로서, 암석충서(rock-stratigraphy 혹은 lithostratigraphy)라고 한다. 그러나 충서는 암석학적 기준뿐만 아니라 여러 가지 상이한 기준으로써 설정할 수 있다(그림 9).

　　충서 개념은 19세기에 지질학에서 정립되었으며, 퇴적물과 토양의 시간적, 공간적 상관관계를 축약적으로 설명하고 정

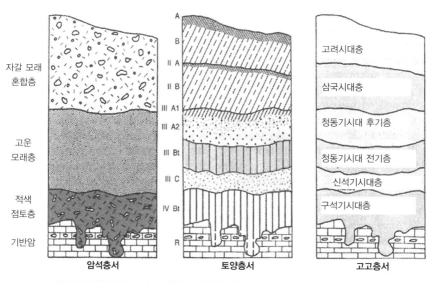

자갈 모래 혼합층		고려시대층
고운 모래층		삼국시대층
적색 점토층		청동기시대 후기층
기반암		청동기시대 전기층
		신석기시대층
		구석기시대층

암석충서 | **토양충서** | **고고충서**

[그림 9] 동일한 퇴적층도 충서 단위의 기준을 무엇으로 하는가에 따라 다양한 방식으로 구분할 수 있으며, 그에 따라 여러 형태의 충서도를 제시할 수 있다. 이 모식도는 가상의 한 퇴적층을 각각 암석학적 구성, 토양 및 고고학적 내용물을 기준으로 할 때 설정되는 충서를 보여준다. (출전: G&M Fig. 2.1; 그림 설명은 원도와 다름)

의해 주는 유용한 수단이다. 그런데 층서가 퇴적층의 시공적 분포와 그 상관관계를 다루는 한, 퇴적층을 연구하는 층서단위가 반드시 흙이나 돌과 같은 암석학적 내용이어야만 할 이유는 없다. 예를 들어, 한국과 유럽에서 발견된 어느 두 층이 층을 구성하는 지질기원 물질은 전혀 다르지만 동일한 화석을 포함하고 있다면, 두 층은 화석이라는 생물학적 근거로써 동일한 단위라고 여길 수 있다. 즉, 화석과도 같은 생물학적 증거는 암석층서와는 전혀 관계없는 생물층서(bio-stratigraphy) 설정을 가능하게 해준다. 하나의 퇴적층을 대상으로 설정된 생물층서와 암석층서에서 각각 구분된 단위는 동일할 수도 있지만 전혀 다르게 나뉠 수도 있다.

또 다른 예로서, 하천운동으로 일정한 시기에 일정한 상대고도를 따라 만들어진 일련의 단구 지형은 지점에 따라 상이한 퇴적물로 구성될 수 있지만 단구의 위치는 그 자체로서 독자적인 층서 단위가 될 수 있다. 그러한 단위들로 만들어지는 지형층서(morpho-stratigraphy)는 퇴적된 물질을 기준으로 설정된 암석층서나 생물층서와 같을 수도 있지만 다를 수도 있다. 그런가 하면, 퇴적층을 구성하는 암석이나 화석의 내용이나 지형 단위는 매우 짧은 시간 동안에도 복잡하게 변할 수도 있지만 아주 긴 시간이 흐름에도 불구하고 아무런 변화가 없을 수도 있다. 후자와 같은 경우에는 주어진 퇴적층을 절대적인 시간의 단위로써 나누어볼 필요성이 생길 수 있다. 이렇게 퇴적층을 구성하는 암석이나 화석의 내용이나 지형적인 특징과는 상관없이 예를 들어 고생대, 중생대 등과 같은 시간적 단위로 층을 나누어 설정한 층서를 가리켜 시간층서(time-stratigraphy 혹은 chrono-stratigraph)라고 한다.

　요약하자면, 층서는 흔히 생각하듯 단지 층의 암석학적 구성만이 아닌 여러 종류의 기준과 단위로써 설정할 수 있는데, 이것은 고고학적 퇴적층에 대해서도 마찬가지이다. 퇴적층이 수많은 퇴적단위로 구성되어 있어도, 모든 단위를 하나의 시기로 묶을 수도 있는가 하면, 시기가 다른 퇴적단위들이 유사한 내용으로 구성되어 있는 경우는 흔히 볼 수 있다.

2. 층서의 법칙

층서를 여러 상이한 기준으로 설정할 수 있기 때문에 하나의 지층 단면에서도 여러 종류의 층서도를 그려볼 수 있지만, 층서연구는 대체로 암석층서의 판단에서부터 시작하게 된다. 지질고고학 조사에서도 층서의 판단에서는 암석학적 기준, 즉 퇴적층을 구성하는 유물과 퇴적물 및 토양 등의 내용물의 변화를 우선 관찰할 필요가 있다. 그렇기 때문에 아래에서는 특별한 설명이 따르지 않는다면 층서는 그러한 암석층서와 관계된 내용을 가리키게 될 것이다.

그런데 지질고고학 연구의 대상이 되는 층서는 퇴적물과 토양이라는 자연적 요소와 유구와 유물이라는 문화적 요소가 유적 형성의 역사와 과정을 반영하는 퇴적과 침식 과정을 거치며 쌓여 만들어진 것이다. 그러한 복잡한 과정을 이해하려면 층을 구성하는 각 단위의 상관관계와 상대적 순서를 파악해야 하며, 이것은 층서의 형성과 해석과 관련된 일련의 법칙에 대한 이해를 필요로 한다.

층서의 법칙은 어려운 내용이 아니다. 층서를 이해하는 가장 중요한 열쇠는 동일과정 반복의 법칙(Uniformitarianism)이다. 이것은 고고 퇴적층의 형성을 비롯해 과거에 있었던 모든 지질학적 현상은 오늘날 우리가 관찰할 수 있는 바와 동일한 과정을 겪어 만들어졌음을 뜻한다. 즉, 우리가 과거를 보지 못했음에도 과거에 대해 설명할 수 있는 것은 과거부터 지금까지 지구에서 일어난 모든 지질현상은 동일한 자연의 과정을 거쳤기 때문이다. 현재 관찰할 수 있고 그동안 관찰한 바에 따르자면, 모든 퇴적층은 궁극적으로 지구의 중력 때문에 만들어지는데, 과거에도 중력은 현재와 동일하게 작용했으므로 과거의 퇴적층은 현재 우리가 관찰할 수 있는 퇴적과정에 따라 만들어졌음을 전제로 삼아 층서에 대한 해석은 시작된다.

지구상의 어떤 곳이건 퇴적물을 운반하는 영력의 에너지가 아무리 강력해도 시간이 흘러 에너지가 소멸하면 퇴적물은 중력이 이끄는 방향으로 쌓이기 마련이다. 따라서 퇴적층은 특별한 사정이 없는 한 시간이 흐르며 아래에서 위로 쌓인다. 퇴적물이 아래에서 위로 차곡차곡 쌓인다는 이 평범한 사실도 층서 해석의 또 다른 기본원칙으로서, 이를 가리켜 누중의 법칙(Law of Superposition)이라고 한다. 또한 퇴적물은 특별한 장애물이 없다면 수평방향으로 퍼지며 쌓이기 마련인데, 이것이 수평퇴적의 법칙(Law of Original Horizontality)이다. 따라서 퇴적층이 경사를 이루고 쌓였다면, 그러한 현상 자체는 그렇게 쌓일 수밖에 없는 모종의 지형적 조건 아래에서 퇴적이 이루어졌음을 말해준다. 수평퇴적의 법칙과 밀접하게 관계되는 연속의 법칙(Law of Original Continuity)은 퇴적층은 한 덩어리를 이루며 만들어진다는 뜻으로서, 특정 퇴적층이 평면이나 단면 중간이 잘렸거나 사라졌더라도 우리는 퇴적의 연속성을 이유로 서로 떨어져 있는 부분들을 같은 층으로 연결하고 대비할 수 있는 것이다.

위의 세 법칙이 퇴적의 기제 그 자체와 관련된 문제를 다루는 것이라면, 화석 동정의 법칙(Law of Strata Identified by Fossils)은 퇴적층의 연대 판단과 관련된다. 이 법칙이 말하는 바는 주어진 퇴적층이 쌓인 시기는 그 속에서 발견된 화석 중에서 가장 늦은 시기의 것보다 빠를 수 없다는 뜻이다. 즉, 만약 어느 층에서 신라토기, 고려청자, 조선백자가 함께 발견되었다면, 해당 층은 삼국시대나 고려시대에 쌓인 것이 아니라 빨라야 조선시대 혹은 그 이후에 만들어졌다고 생각해야 한다. 이 가상의 사례에서 알 수 있듯, 같은 층에서 발견된 화석이나 유물의 생존 시기나 제작 시기 혹은 사용 시기의 판정과 그것이 퇴적된 시점의 판정은 전혀 다른 문제이다. 조선백자와 함께 발견된 신라토기나 고려청자가 신라시대나 고려시대에 만들어졌음은 당연한 사실이지만, 이 법칙이 말하는 것은 그것들이 조선시대 유물과 함께 묻혔기 때문에 그 층은 삼국시대나 고려시대가 아니라 조선시대나 그 이후에 만들어졌다고 생각해야 한다는 점이다.

고고학에서 다루는 층서는 문화적 요인이 개입해 만들어진 것으로서, 자연적으로 만들어진 층서 단위보다 대체로 규모가 작고 분포가 지엽적이며, 침식과 퇴적이 중복적으로 일어나 지질학적 층서보다 복잡한 양상일 수 있다. 그러한 복잡성은 특히 대규모 마을이나 도시 유적에서 두드러지는데, 그러한 복잡한 층서관계를 체계적으로 정리하는 수단으로서 해리스매트릭스(Harris Matrix) 기법이 제시된 바 있다. 이것은 서로 연접한 층서 단위 사이의 관계를 층서의 법칙에 따라 하나씩 기록함으로써 전체 층서를 확립하려는 방법이다. 즉, 아무리 층서 단위가 많고 그 양상이 복잡해도 연접한 두 단위 사이의 층서관계는 파악할 수 있으므로, 그런 관계를 차곡차곡 정리하면 전체 층서를 쉽게 알 수 있는 단순한 도식으로 정리할 수 있게 된다.

3. 퇴적층의 단위와 관계

층서의 법칙을 적용하며 층 사이의 선후관계를 논리적으로 파악할 수만 있다면 층서관계는 체계적으로 파악할 수 있다. 층서 관계의 파악이란 기본적으로 시간의 흐름에 따른 각 층의 상대적 순서를 정리한다는 뜻이다. 이것은 개개 층이 만들어지는 데 걸린 시간폭의 파악과는 별개의 문제로서, 후자는 궁극적으로 절대연대의 측정을 필요로 한다. 그러한 층의 형성에 수반된 경과시간의 파악도 중요한 문제이지만, 그에 못잖게 층서 연구에서 중요한 것은 여러 퇴적단위를 구분하고 묶음으로써 그러한 단위들이 층서에서 차지하는 의미를 정리하는 작업이다. 예를 들어, 청동기시대와 신석기시대 유물이 여러 층에서 발견된다면, 층 하나하나가 언제부터 언제까지 만들어졌는가를 따지는 것도 중요하지만, 그에 앞서 두 시기에 속하는 층들을 묶고 나누어야 할 것이다.

그와 관계되어, 퇴적상(堆積相; facies)이라는 개념을 이해할 필요가 있다. 이 용어는 정의도 느슨해 다양한 용례를 볼 수 있지만, 대체로 퇴적의 암석학적 특징인 암상(岩相)이나 그 속에 포함된 생물상(生物相)을 기준으로 볼 때 상이하거나 고유한 지역성을 보여주는 퇴적층 혹은 퇴적층의 특정 부위를 가리키는 말이다. 또한 하나의 퇴적상은 여러 개의 미퇴적상(微堆積相 [microfacies])으로 구성될 수 있다. 여러 퇴적상이 같은 성질이나 특징을 보여주면 그것들은 동상(同相)이라고 하며 그렇지 않다면 이상(異相)이라고 한다. 동상과 이상은 해당 퇴적상들이 동일 시간대에 퇴적되었거나 동질적 과정으로 퇴적되었음을 뜻하는 것은 아니며, 단지 층을 구성하는 내용물의 동질성 여부를 가리킬 뿐이다.

암상, 즉 퇴적층의 지질학적, 물리적 구성은 특정 지역에서 일어난 퇴적운동과 깊은 관계에 있고 또 퇴적운동은 지구조운동의 지배를 받으므로, 퇴적상의 관찰은 연구대상지역의 거시적 지질환경을 파악하는 단서를 얻을 수 있다. 예를 들어, 임진강 유역에는 제4기에 형성된 용암대지의 아래와 위에 두터운 퇴적층이 놓여 있다. 이 세 단위는 각각 상당한 시간에 걸쳐 만들어졌으므로 여러 단면에 노출된 동일 단위는 반드시 동일시점에 만들어진 것이 아닐 수 있다. 그럼에도 불구하고, 이 지역의 제4기 퇴적상은 크게 용암분출 이전의 고하상층, 용암층 및 용암분출 이후의 퇴적층이라는 세 가지 암상으로 구성되어 있다고 말할 수 있으며, 그러한 퇴적상의 규정은 이곳의 거시적 퇴적환경을 쉽게 알 수 있게 해준다. 그런데 용암대지 위의 퇴적층은 다시 아래에서 위로 가며 크게 호소-하상퇴적물, 범람원성 퇴적물 및 바람에 의해 쌓인 얇은 두께의 풍성퇴적물이라는 세 종류를 포함하고 있으므로, 이 층에서는 성격이 다른 세 개의 미퇴적상이 관찰된다고 할 수 있다. 퇴적상에 대한 이런 정도의 간단한 기술만으로도 이 일대 구석기 유적의 지질환경에 대해 많은 점이 설명된 셈이다. 이렇게 암상에 대한 관찰과 기술은 구석기 유적을 포함해, 어느 정도의 시간폭에 걸쳐 형성된 유적의 퇴적환경 설명에 유용할 수 있다.

그런데 지질층서이건 고고층서이건, 하나의 퇴적상은 서로 다른 내용물로 구성된 여러 단위 층으로 구성되어 있으므로 그러한 단위를 묶고 나누는 것은 층서 연구에서 늘 이루어진다. 층서 단위 용어로서, 가장 높은 수준의 지질시간층서 단위는 대(代[era]; 예: 신생대), 기(紀[period]; 예: 제4기), 세(世[epoch]; 예: 플라이스토세)이며, 각각에 해당하는 암석층서 단위는 계(界; group; 혹은 층이나 대층[代層]), 계(系; system) 및 통(統; series)이고, 또 세(世)의 하부단위인 기(期; age)에 대응하는 단위로는 계(階; stage)가 있다. 이러한 지질학적 단위는 고고학에서 광역적 맥락에서 유적의 지질환경을 설명할 때 사용된다.

유적의 지질환경을 설명하려면 그러한 기본 용어를 잘 알아야 하지만, 인류는 지질학적으로 그리 길다고 할 수 없는 6~7백만 년 전에 등장했기 때문에 고고 유적의 퇴적층을 기술하려면 그보다 낮은 수준의 단위가 필요하다. 서양문헌에서는 그러한 하위 단위로서 bed, layer, level, stratum 등이 사용되고 있다. 그런데 이런 용어들은 사실 명확하게 정의된 층서학적 용어가 아니며, 비록 두텁거나 복잡한 층을 기술하며 위계적으로 사용되기도 하지만 용어 사이에 층서학적 위계 개념이 확립되지도 않았고 일정한 관행이 있는 것도 아니다. 예를 들어, 올두바이협곡의 두터운 퇴적층은 연구 초기부터 Bed I, Bed II, Bed III, Bed IV, Masek Beds 및 Ndutu/Naisiusiu Beds라는 단위로 크게 나뉘었지만, Bed의 하위단위를 구성하는 Layer, Stratum 또는 Level은 통일된 기준으로 정의된 용어가 아니라 각 지점에서 연구자가 자의적으로 층을 나누고 명명하며 사용한 셈이다. 우리 경우에 이런 여러 용어의 대역어로는 단지 〈층〉 하나밖에는 생각하기 어렵기 때문에 문제의 소지가 크지만, 다행인지 불행인지 유적의 퇴적층이 그러한 분층과 분기를 필요로 하는 사례는 아직 알려진 바 없다.

퇴적층을 구성하는 다양한 암상의 단위층들이 얼마나 긴 시간에 걸쳐 만들어졌건 층과 층 사이의 시간적 선후관계는 기본적으로 누중의 법칙에 따라 해석할 수 있다고 했는데, 이 법칙의 적용은 층들이 차곡차곡 쌓여 갔음을 전제로 한다. 그런데 서로 다른 영력이 동시에 작용해 만들어진 퇴적층들 사이의 선후관계 해석은 조금 복잡한 문제가 될 수 있다.

예를 들어, 어느 퇴적분지의 한쪽에서는 바람에 실려 온 실트가 쌓이고 있고 다른 쪽에서는 하천이 운반해온 점토가 쌓이고 있는 상황을 가정해 보자. 퇴적이 계속되면 서로 다른 종류의 두 퇴적층은 궁극적으로 어디선가 만나게 될 것이다. 이때 시간이 흐르는 동안 두 영력의 에너지가 항상 일정할 수는 없기 때문에 각 영력이 만드는 층의 두께와 평면적 분포 범위는 수시로 변할 것이다. 그러한 변화하는 관계는 단면에서 두 암상의 분포가 좌우로 왔다갔다 움직이는 식으로 나타나고 가상으로 그린 수직선을 따라 하나의 암상을 다른 암상이 파고드는 모습이 된다.

시간의 흐름에 따른 그러한 암상 분포의 변화는 다양한 규모로 나타날 수 있다. 즉, 범지구적 차원에 걸친 기후변화로 일어나는 대륙빙하의 전진과 후퇴라던가 해수면 상승과 하강으로 인한 해진(marine-transgression)과 해퇴(marine-regression)의 반복은 수백 km의 거리나 그 이상에 걸쳐 암상이 평면적으로 움직이는 변화를 가져올 수 있다. 유적을 발굴하며 이와는 비교할 수 없는 미미한 규모이지만 그 원리는 동일한 현상을 보게 되는데, 수십 cm 두께의 어떤 층을 같은 높이에 발달한 또 다른 층이 렌즈 상태로 침투한 것 같은 양상을 종종 볼 수 있다. 이것은 길어야 몇 백 년이나 몇 십 년 혹은 그보다 짧은 시간 동안일지라도 동일한 퇴적 평면에 작용하는 상이한 퇴적 영력의 에너지가 변화함에 따라 만들어진 미세암상 수준에서 발생한 현상이다. 유적을 발굴하며 이러한 상황에 부닥친다면, 두 층의 시간적 관계를 두고 어리둥절할 필요는 없다. 이런 현상은 단지 상이한 퇴적 기제가 동시에 작용했음을 말해주며,

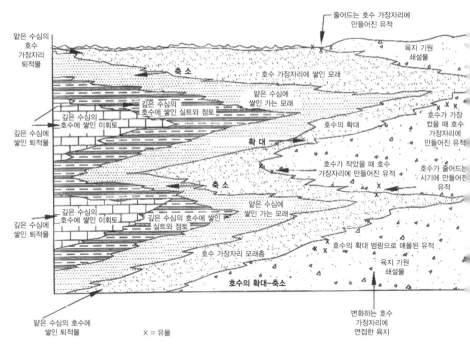

[그림 10] 퇴적상의 시간초월적 관계에 대한 모식도. 상이한 영력의 공간적 작용범위는 시간의 흐름에 따라 변할 수 있으며, 그에 따라 각 층 단위의 공간적 분포는 시점에 따라 변할 수 있다. (출전: R&H Fig. 2.4)

두 영력 사이에 힘의 균형이 변화함에 따라 두 퇴적물의 수평적 경계가 변화한 결과일 뿐이다. 시간이 흐르며 일어나는 이러한 퇴적상 내지 암상의 평면적 층서관계의 변화를 가리켜 층 사이의 시간초월적 관계(time-transgressive relationship)라고 한다(그림 10).

4. 층리와 퇴적물의 구성

주어진 하나의 퇴적단면을 구성물질 입자의 재질이나 크기 및 형태를 기준으로 여러 층으로 나눌 때, 재질이나 크기, 형태가 동일하더라도 예를 들어 입자가 놓여 있는 방향이나 입자 사이의 간격이 일정한 특징을 보여준다면 이것은 층을 구분하는 기준이 될 수 있다. 즉, 퇴적층이 만들어지던 때의 지질환경에 따라 층의 두께나 구성 물질의 재질, 형태, 크기뿐만 아니라 입자가 쌓여 있는 전반적인 모습도 달라지므로, 그러한 제반 양상을 관찰함으로써 퇴적환경을 유추할 수 있는 것이다. 이러한 퇴적층의 구성 양상을 가리켜 흔히 층리(bedding; stratification)라고 한다. 즉, 층서 관찰이란 결국 층리를 살펴본다는 뜻이라고 하겠다.

　모든 퇴적단면에서는 고유한 층리를 볼 수 있다. 그러한 층리의 고유성은 우선 층을 구성하는 입자의 크기에서 잘 드러난다. 예를 들어, 흐르는 물로 만들어진 퇴적층으로 구성된 퇴적 단면에서 A라는 층이 수십cm 크기의 암석 덩어리로 구성되었고 그 위에 놓인 B층은 1mm 미만의 고운 입자로 구성되어 있다면 이 두 층이 매우 다른 퇴적환경에서 쌓였을 것임을 쉽게 짐작할 수 있다. 마찬가지로 A층을 구성하는 입자는 크기도 비슷하며 대체로 균질적이지만 B층은 그렇지 않다면 두 층의 퇴적환경이 상이했음을 짐작할 수 있을 것이다. 또 만약 A층보다 B층의 두께가 훨씬 두텁다면 B층의 형성기간이 상대적으로 훨씬 오래 지속되었을 것임도 짐작할 수 있다. 만약 A, B층이 모두 비슷한 크기와 재질의 자갈로 구성되었으나 A층의 자갈은 원력도가 높고 전체적으로 잘 연마된 둥근 모습이지만 B층은 불규칙하고 모난 자갈이라면, 각각은 운동에너지가 상당히 다른 유수 환경에서 쌓였다고 짐작할 수 있다. 또 퇴적물 입자의 분포와 정렬 및 배치 역시 퇴적환경에 따라 차이가 있기 마련인데, 입자가 뒤죽박죽 섞여 있는 층과 정연하게 열을 이루며 쌓인 층이 동일한 퇴적환경에서 만들어졌을 수는 없다. 즉, 퇴적층을 구성하는 입자들의 특징 및 그것들이 어떤 식으로 쌓였는가에 대한 관찰은 각 층이 형성되던 과거의 퇴적환경에 대해 중요한 단서를 제공해준다. 〈그림 11〉은 퇴적층 구성에 대한 몇 가지 규범적, 모식적 사례를 보여준다. 연구자는 현장에서 마주

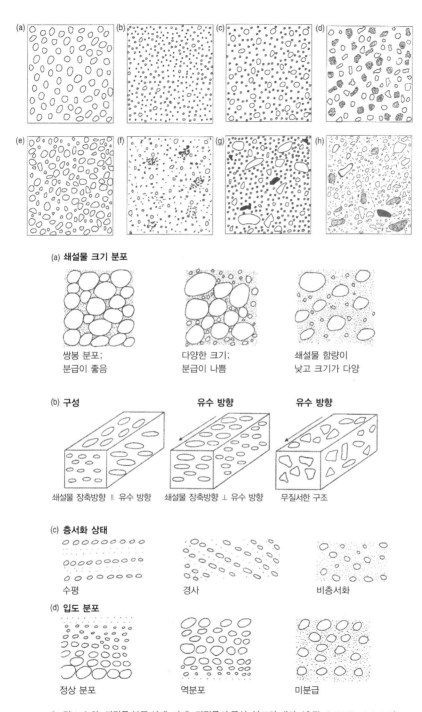

(a) 쇄설물 크기 분포

쌍봉 분포;
분급이 좋음

다양한 크기;
분급이 나쁨

쇄설물 함량이
낮고 크기가 다양

(b) 구성

유수 방향

유수 방향

쇄설물 장축방향 ∥ 유수 방향   쇄설물 장축방향 ⊥ 유수 방향   무질서한 구조

(c) 층서화 상태

수평

경사

비층서화

(d) 입도 분포

정상 분포

역분포

미분급

[그림 11] 위: 퇴적물 분급 상태. 아래: 퇴적물의 구성, 분포와 배치. (출전: G&M Fig. 1.2, 1.5)

치는 이러한 퇴적의 양상을 전문적이며 표준화된 학술용어로
써 기록할 수 있어야 한다.

제5장

사면의 침식과 퇴적

1. 사면 지형

퇴적층의 층리는 시간의 흐름에 따른 퇴적기제의 종류와 힘의 강도를 비롯한 퇴적 영력의 변화와도 같은 퇴적환경의 변화를 말해준다. 지질고고학 연구는 유적과 주변 일대의 퇴적환경이 변화한 과정을 파악하는 일부터 시작하므로, 퇴적을 일으키는 여러 영력과 각 영력이 만드는 퇴적층의 성격을 잘 알아야 한다.

퇴적 영력 중에서 가장 중요한 역할을 하는 것은 물이다. 폐쇄된 순환체계를 이루며 지구 표면의 모습을 바꾸는 물은 지형을 따라 높은 곳에서 낮은 곳으로 흐르며 지표를 침식하고, 침식한 물질을 운반해 하류 어딘가에 퇴적물을 쌓아 놓는다(그림 12). 이러한 물의 흐름은 홍수 때 큰 하천에서 보듯 넓은 범위에 걸쳐 대대적으로 침식과 퇴적을 일으키기도 한다. 그러나

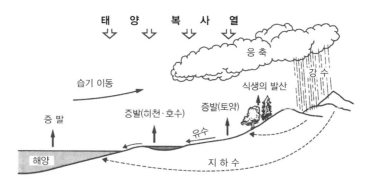

[그림 12] 물의 순환체계. (출전: C&C Fig. 4.1)

하천운동만이 유수운동은 아니며, 그 시작은 사면을 따라 흘러 내리는 빗물의 흐름에서부터 비롯된다.

지구 표면은 어느 곳에서도 굴곡을 이루고 있고 따라서 매끄러운 수평면이 아닌 경사면의 연속이다. 지표가 이루고 있는 경사면의 규모나 기울기는 미미할 수도 있지만, 아무튼 경사면에서 물은 흐르기 마련이다. 이와 동시에 중력은 경사면 위에 놓인 물질을 아래로 끌어내리는 힘으로 작용한다. 그 결과, 비록 인지하기 어려운 정도일지라도 지표의 모습은 물과 중력이라는 두 영력의 작용으로 끊임없이 바뀌어 나간다. 둘 중에서도 우리나라처럼 강수량이 상대적으로 많은 온대지역에서는 일반적으로 물의 역할이 보다 중요하다.

빗물이나 눈을 비롯한 강수로 지표에 떨어져 내린 물은 모두 다 지표를 흐르지 않는다. 그 일부는 증발하거나 대지와 식생에 흡수되고 나머지가 유수로서 흐르게 된다(그림 13). 대지와 식생이 흡수할 수 있는 양을 가득 채운 포화상태에 이른 뒤에도 비가 계속 오거나 빗물이나 눈 녹은 물이 공급되면 비로소 물이 지면을 흐르기 시작한다. 이렇게 지표 경사면을 따라 흐르는 물의 흐름을 사면류라고 한다. 사면류가 일으키는 침식과 퇴적의 양상은 여러 조건에 따라 결정되지만, 아무튼 사면류의 운동량이 지면을 침식할 수준에 다다르면 침식된 물질이 아래쪽으로 운반되기 시작하며, 그 결과 사면의 모습은 조금씩 변

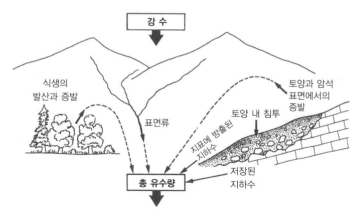

[그림 13] 강수와 유수의 관계. (출전: C&C Fig. 4.3)

하게 된다.

다른 여러 요인에 차이가 없다면, 사면류의 운동 양상은 무엇보다도 경사면의 형태와 깊은 관계를 갖고 있다. 특히 사면의 기울기는 흐름의 속도를 결정하는 가장 중요한 요소인데, 상식적으로 알 수 있듯 물의 흐름은 사면 경사가 크면 클수록 일반적으로 더 빨라지고 그에 따라 침식력도 더 커진다. 그렇지만 침식력은 무한대로 커지는 것은 아니며, 사면이 차츰 깎여나감에 따라 사면 경사도도 점차 줄어들어 경사면과 사면류의 침식운동은 일정한 수준에서 평형상태를 이루게 된다. 또 사면 위쪽에서 침식된 물질은 흘러내려와 사면 아래쪽에 쌓이게 된다. 따라서 특수한 조건이 작용하지 않는 한, 사면의 단면은 대체로 위에서 아래로 가며 침식이 보다 우세한 볼록면과 퇴적이 보다

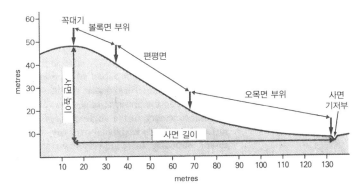

[그림 14] 사면 개념도. (출전: C&C Fig. 3.2)

우세한 오목면이 부드럽게 연결되는 모습이다(그림 14). 만약 사면의 단면이 그런 모습 아니라 볼록면만으로 이루어졌거나 피요르드 U자곡처럼 오목면만으로 이루어졌다면, 해당 지형은 상대적으로 가까운 과거에 모종의 급격한 퇴적운동이나 침식운동의 영향을 받았다고 짐작할 수 있다(그림 15).

경사도와 더불어 사면의 평면 형태도 사면류의 침식과 퇴적운동에 영향을 미친다. 사면의 형태는 이론적으로 세 종류가 있다고 생각할 수 있다. 즉, 등고선이 평행하게 그려지는 편평평면, 등고선이 좌우 아래쪽으로 구부러지는 오목 평면 및 좌우 위쪽으로 휜 볼록 평면이 그것이다. 편평 평면에서는 이론상 물이 사면 전체에 걸쳐 고르게 흐르지만, 오목 평면의 사면에서는 물의 흐름이 골짜기로 집중되며, 볼록 평면의 사면에서는 분산되어 흐른다. 즉, 사면류는 평면 형태에 따라 평행류, 수렴류 및

[그림 15] 부여 백마강(위)이나 창원 우포늪(아래) 일대에서 볼 수 있는 것처럼, 해수면 상승 등의 이유로 하상 고도가 급격히 높아져 하곡이 매적되면 하곡에 연한 사면에서 아래쪽 부분을 구성하는 오목면은 보기 어렵게 된다.

확산류의 양상이 되며, 그에 따라 사면의 침식과 퇴적의 양상도 변할 것이다(그림 16). 따라서 사면 지형에서 보이는 유물의 집중 현상이나 퇴적층 두께의 변화를 설명히려면 우선 단면과 평면을 구성하는 여러 지형 요소에 대한 관찰과 판단을 내려야 한다.

이러한 점을 감안할 때, 많은 유적 특히 주거유적이 구릉사

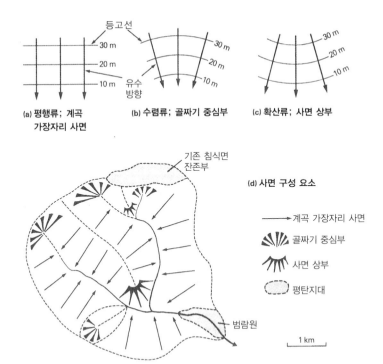

[그림 16] 사면의 평면 형태와 유수의 흐름 사이의 관계에 대한 개념도. (출전: C&C Fig. 3.8)

면에 놓여 있는 우리나라에서는 유적이 위치한 지점과 그 주위에 발달한 사면의 경사와 평면을 자세히 관찰하고 해석하는 것은 유적형성과정을 이해하기 위해 매우 필요하다. 사면에 대한 관찰과 해석은 사면 경사와 평면이 어떤 요소들로 구성되어 있는지를 보여줄 수 있는 도면을 통해 요약할 수 있으므로, 그러한 도면의 작성은 유적의 형성 및 보존과 관련된 퇴적 맥락과

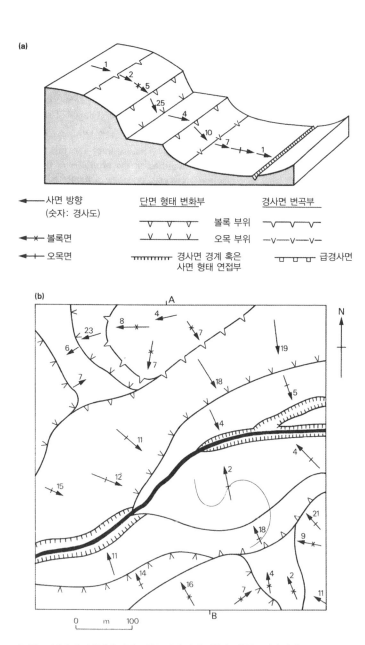

(a)

사면 방향 (숫자: 경사도)	단면 형태 변화부		경사면 변곡부	
◄—✕— 볼록면	▽ ▽ ▽	볼록 부위	∨ ∨ ∨	
◄—┼— 오목면	∨ ∨ ∨	오목 부위	—∨—∨—∨—	
	⊓⊓⊓⊓⊓⊓	경사면 경계 혹은 사면 형태 연접부	⊓ ⊓ ⊓	급경사면

(b)

[그림 17] (a) 사면 형태의 단면 모식도; (b) 단면 지형의 2차원 도면화 사례.
(출전: C&C Fig. 3.9)

지형의 진화과정을 설명함에 유용할 것이다(그림 17).

2. 사면류와 침식

강우가 시작되면 빗방울의 떨어지는 힘은 미미하게나마 지면을 침식하기 시작한다. 또한 지면과 부딪친 빗방울은 작게 부서져 흩어지며 이차적으로 침식을 일으킬 수 있다. 빗방울에 의한 침식은 식생이 무성한 곳에서는 거의 발생하지 않지만, 식생이 없다면 심각한 토양 유실을 일으킬 수 있다. 지금은 상상하기 어렵지만 우리나라는 1970년대 무렵까지 대부분의 국토가 그러한 침식에 취약한 상태로 노출되어 있었다.

대지가 물을 충분히 머금어 더 이상 빗물을 흡수할 수 없으면 빗방울은 더 이상 지표에서 튀지 않고 지표를 흐르기 시작한다. 이때 빗물의 흐름은 식생이나 지형의 요철 같은 방해물을 피해가며 불규칙하게 실처럼 가는 줄기를 이룬다. 대지가 빗물을 흡수할 수 있는 양, 즉 흡수량은 흙과 암반의 특성과 더불어 지하수면의 위치에 따라 결정된다. 지하수위가 지표 가까이 높아진 상태라면 같은 양의 비가 내리더라도 대지의 흡수량이 줄어들어 보다 많은 물이 지면을 흐르게 된다(그림 18). 이러한 사면류는 많은 양의 눈이 녹을 때에도 발생할 수 있다.

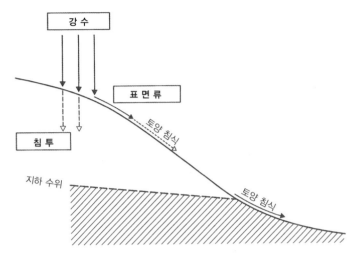

[그림 18] 사면 유수 운동 모식도. (출전: C&C Fig. 3.23)

비가 계속 내리면 지표면을 흐르는 물줄기는 점점 굵어져 어느 때부터는 본격적으로 흐르며 사면류를 이루게 된다. 사면류는 일정한 범위에 걸쳐 얇게 면을 이루며 천천히 흐르는 포상류(布狀流; sheet flow)로서 시작된다. 포상류는 아직 운반력이 약하기 때문에 주로 실트나 점토 크기의 작은 입자만을 지표면에서 침식하며 운반한다.

비가 점점 더 많이 내려 지표를 흐르는 물의 양이 서서히 늘어나며 포상류는 세류(細流), 즉 릴류(rill flow)로 바뀌게 된다. 릴류는 지형의 미세한 굴곡을 피해 아래로 흐르던 여러 매의 포상류가 서로 만나 만들어진 작은 하천 여러 개가 나란히 흐르는 형태의 흐름이다. 릴이란 릴류가 만든 깊이와 폭이 수

cm 정도인 가늘고 작게 파인 골짜기 형태의 침식지형을 가리키는데, 아주 작은 규모일지라도 릴류가 릴을 만들기 시작하면 상류 방향으로의 침식(headwater eroion)이 일어나기 시작하는 셈이다.

릴류는 일정한 침식력과 운반력을 갖고 있기 때문에 지표를 눈에 띄게 침식시키며 실트보다 큰 입자의 물질도 운반한다. 따라서 릴류가 발생하면 유수의 침식과 퇴적운동이 본격적으로 시작된다고 할 수 있다. 릴류가 계속됨에 따라 릴은 점점 큰 골짜기가 되는데, 깊이나 폭이 수십 cm 내지 m 단위에 이르는 빗물에 의한 침식곡을 우곡(雨谷) 혹은 우열(雨裂), 즉 걸리(gully)라고 한다. 릴은 규모가 작기 때문에 비가 그치면 토양의 팽창과 수축이나 동결 때문에 그 모습이 사라지기 쉽고 심지어 비가 내리는 도중에 빗물로 그 흔적이 지워지기도 하는 일과성 현상으로 그칠 수도 있지만, 걸리는 지표를 영구적으로 변형시킨다. 우리나라에서 경사지를 발굴하며 식생을 제거한 상태에서 내린 비로 크고 작은 릴과 우곡이 만들어져 문화층이 훼손되는 일은 그리 낯선 광경이 아니다.

강우와 해빙으로 의한 사면류의 운동 양상은 경사도를 비롯한 지형 요소 이외에도 식생, 토양과 기반암의 성격 및 토양 함수상태의 영향을 받는다(그림 19). 우선 식생은 빗물을 막아냄으로써 빗물에 의한 침식을 막아준다. 뿐만 아니라 유수운동

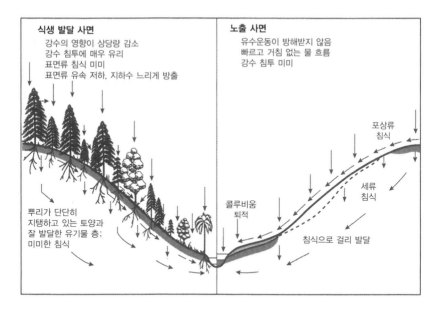

[그림 19] 식생과 사면류의 관계 모식도. (출전: G&M Fig. 4.2)

이 시작될 때 그 흐름을 방해해 물이 보다 완만한 속도로 흐르게 함으로써 침식과 침식물질의 운반을 제어한다. 한편 대지를 구성하는 토양과 기반암은 강수가 지표를 침투하는 정도를 결정하므로, 그 물성이 어떤가에 따라 같은 양의 비가 오더라도 지표를 흐르는 물의 양에는 차이가 생긴다. 예를 들어, 다른 조건이 같다면 지면이 보다 단단해 침식에 잘 견딜수록 사면류의 속도가 빨라져 운동량이 더 커진다. 또한 강수를 흡수하려면 대지가 충분히 메말라 있어야 하므로, 강수 시점의 토양 함수상태에 따라 사면을 따라 흐르는 물의 양도 달라진다(그림 20). 이

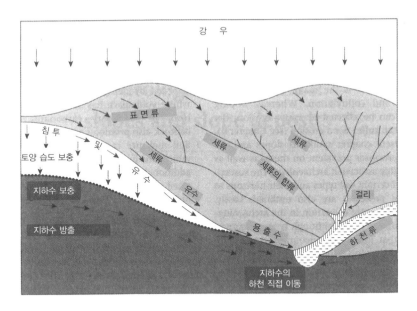

[그림 20] 여러 형태의 사면류 모식도. (출전: G&M Fig. 4.1)

러한 서너 가지 요건들이 침식에 보다 취약한 상태에 있을수록 사면은 그만큼 더 깊게 파이며 침식되는 물질도 늘어난다.

　사면의 침식으로 원위치를 벗어난 침식물은 사면 아래쪽 과 사면에 연한 골짜기로 운반되어 쌓이게 된다. 이렇게 만들 어진 사면퇴적층(hillwash; slope deposit)을 흔히 콜루비움(col-luvium)이라고 한다. 사면퇴적층은 하천에 비해 상대적으로 빠 른 속도로 짧은 구간을 흐르며 이동한 퇴적물로 구성되어 있기 때문에, 하천이 만든 퇴적층보다 분급상태가 상대적으로 떨어 지고 입자도 보다 거칠다.

3. 매스무브먼트

사면퇴적층의 형성에는 유수뿐 아니라 중력도 큰 영향을 끼친
다. 중력은 사면에 놓여 있는 물질을 그 위치에 머무르게도 하
며 동시에 움직이게도 한다(그림 21). 사면의 경사각도가 커져
미끄러뜨리려 하는 힘이 머무르게 하는 힘보다 커지면 물질은
사면 아래로 미끄러져 내린다. 이론상 두 힘은 경사각이 45도일
때 같아지므로 경사가 그 이상이면 지표면에 놓여 있는 물질이
사면을 따라 움직인다고 생각할 수 있다. 그러나 놓여 있는 물
질의 무게와 비교할 때 실제 지면과의 마찰력은 이론적 계산치
보다 작기 때문에 이보다 훨씬 낮은 경사에서 움직이기 시작한
다. 만약 다른 모든 조건이 같다면, 지형의 경사가 급하면 급할
수록 미끄러지는 힘이 더 커질 수밖에 없으므로 중력 작용으로
사면퇴적층이 만들어지는 가능성도 그 만큼 더 커진다. 따라서
사면류 운동이 특별히 활발히 일어나지 않아도 물질이 갑자기
대규모로 경사면 아래쪽으로 움직이는 일이 발생할 수 있다. 이
렇게 주로 중력의 영향 때문에 지표를 구성하는 퇴적물이나 토
양, 암반, 암설(岩屑; rock debris) 등이 이동하는 현상을 매스무
브먼트(Mass Movement; 중력이동, 중력사면이동 혹은 질량이동)라
고 한다.

매스무브먼트는 지표를 구성하는 물질이 중력의 영향을

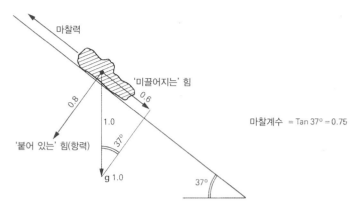

[그림 21] 사면에 놓인 물질에 작용하는 여러 힘. (출전: C&C Fig. 3.11)

받아 대체로 한 덩어리를 이룬 채 한꺼번에 움직이는 현상이라고 정의할 수 있으며, 유수나 기타 기제가 주요인으로 작용하지 않은 상태에서 중력 때문에 일어나는 물질의 이동 현상이다. 그렇지만 매스무브먼트는 이미 모종의 다른 요인으로 그것이 발생할 조건이 갖추어진 상황에서 발생하는 경우가 많다. 예를 들어, 절벽에서 떨어진 돌조각들이 절벽 아래 쌓여 더미를 이룬 애추(崖錐; talus)는 지하수 운동이나 동결현상 혹은 식물뿌리의 침투를 비롯한 모종의 물리적 풍화요인 내지 그와 밀접하게 관계된 화학적 풍화로 절벽의 노출 부위와 그 주변물질이 모암과 결합하는 힘이 약화되어 더 이상 지탱할 수 없게 되었을 때 무너져내려 만들어지는 것이 일반적이다.

　　매스무브먼트를 발생시키는 요인은 소극적 요인과 적극적

요인으로 구분해볼 수 있다. 소극적 요인이란 그 자신이 운동을 유발한다기보다 외적인 자극을 받았을 때 비로소 발동하는 요인이다. 소극적 요인으로는 이동물질의 암석학적 특성, 구조 및 층서상의 위치를 들 수 있다. 적극적 요인, 즉 운동을 보다 직접적으로 유발하는 요인으로는 경사면 하부의 침식 등으로 인한 하중을 지탱하는 힘의 소멸, 퇴적물이 추가됨으로써 발생하는 하중의 증가, 강수나 지하수 작용 등으로 인한 활강면의 마찰력 감소와 같은 현상을 들 수 있다.

이러한 요인들 가운데 어떤 요인이 어떻게 작용하는가에 따라 매스무브먼트는 여러 형태로 발생한다. 실제 매스무브먼트는 훨씬 다양한 양상으로 일어나지만, 대체로 물질이 이동하는 방식과 속도 및 그 내용을 기준으로 크게 낙하(落下; fall), 활강(滑降; slide), 유동(流動; flow)이라는 세 종류로 나뉜다(그림 22).

낙하란 기반암이 급작스럽게 파열해 갑자기 물질이 떨어지는 현상을 가리킨다. 낙하의 한 종류로서 잘 알려진 현상으로는 주로 지하수 수위변화와 깊은 관계를 갖고 일어나는 지반함몰, 즉 침강(subsisdence)이 있다. 지반함몰은 여러 원인으로 지하에 갑자기 공동이 만들어져 그 위를 지탱할 힘이 없어질 때 발생한다. 자연적으로 이런 일은 급작스런 지하수위 변화로 발생하는데, 석회암지대에서 기반암이 지하수의 화학적 풍화를 장기간 받아 새 수로가 만들어진다거나 할 때 생기는 싱크홀

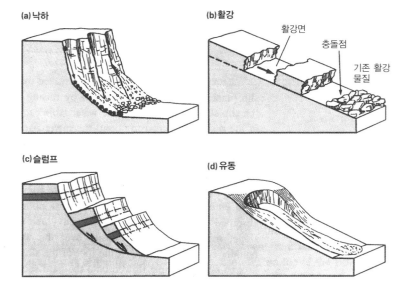

(a) 낙하

(b) 활강

활강면

충돌점

기존 활강
물질

(c) 슬럼프

(d) 유동

[그림 22] 매스무브먼트의 유형. (출전: C&C Fig. 3.14)

(sinkhole)이 그런 사례이다. 우리나라에서는 과거에 사용되던 우물이 오랫동안 매몰된 상태에 있다가 지하수위가 낮아지며 갑자기 그 속을 채우던 물질이 무너져내려 뜻밖의 유적이 발견 되기도 한다.

미끄러진다는 뜻의 활강은 산사태처럼 급경사 지형을 따라 쇄설물이나 암괴 등이 활강면(slip plane)을 따라 흘러 내려 가는 현상이다. 이러한 일은 암반 속에 지하수대나 벤토나이트 같은 점토물질로 이루어진 활강면이 폭넓게 만들어질 때 발생 한다. 활강하는 물질은 하나의 덩어리로서 움직일 수도 있고 쇄설물이 군집을 이루며 활강할 수도 있다. 대표적인 활강 현상은 암석이나 층의 경계면을 활강면으로 삼아 큰 바위덩이가 떨어져 나오는 암석활강(rock slide)으로, 해빙기나 우기에 도로 가장자리가 무너지는 낙반현상이 그 예이다.

활강의 한 종류라고도 할 수 있는 슬럼프(slump)는 대체로 두꺼운 점토질 퇴적층으로 피복된 사면 덩어리가 비교적 빠르게 움직이는 현상을 가리킨다. 슬럼프는 떨어져나가는 물질이 기반암에 대해 일종의 회전면을 이루며 떨어져나가 운동의 경계를 따라 오목한 단면이 만들어진다는 점이 특징이다. 슬럼프는 홍수가 그친 뒤 공격사면 쪽 하안이 급격하게 후퇴한 상태처럼 하천의 공격사면 쪽 범람원이나 파식이 집중되는 해안절벽 같은 사면 기저부가 침식을 받아 불안정한 상태에 있는 급사면에서 특히 잘 나타난다. 이런 현상은 우리나라 각지에서 흔히 관찰할 수 있는데, 슬럼프를 비롯한 활강 현상은 식생이 미미하게 발달한 구릉지 지형의 침식과 파괴를 가속시킴으로써 유적 보존에 큰 영향을 끼친다.

유동은 낙하나 활강보다 느린 속도로 일어나지만 물질이 꾸준히 이동함으로써 지형에 변화가 일어나는 현상으로서, 파열이나 활강과 달리 운동이 발생하는 경계면이 뚜렷하지 않다. 유동은 유동 물질에 수분이 충분히 포함되었을 경우에 일어나는데, 유동하는 물질이 주로 암설인 것을 암설류(岩屑流; debri flow), '흙' 같은 세립질 입자라면 이류(泥流, mud flow)라고 한다. 유수운동으로 만들어지는 선상지도 암설로 구성되어 있으므로 암설류와 선상지 퇴적물의 구분은 애매할 수 있지만, 대체로 암설류는 일회성 운동으로 그 규모가 제한적이나 선상지는 장기간에 걸쳐 형성된 대규모 지형이라는 차이가 있다. 이류는 운반되는 입자의 양보다 물이 더 많이 포함되어 있다는 특징이 있는데, 쇄설물로 흐름을 방해받아 고이게 된 물의 양이 방해물이 지탱할 수 있는 한계치를 넘을 때 발생한다. 암설류나 이류를 막론하고 유동은 일반적으로 흐름의 앞부분에 물이 상대적으로 적고 유동물질이 집중된 상태로 이루어진다.

유동의 속도는 상당히 빠를 수도 있지만, 짧은 시간 동안에는 발생 사실 자체를 알 수 없고 어느 정도 시간이 지나야 인지할 수 있을 정도로 느리게 일어날 수도 있다. 예를 들어, 집중호우나 지하수위 상승 등의 이유로 수분함량이 포화상태에 도달했을 경우에 발생하는 이류는 그 과정을 육안으로 관찰할 수 있지만, 매년 1mm 내지 수 cm 정도의 속도로 느리게 일어나는 토양포행(土壤匍行[soil creep 혹은 downhill creep])이라는 유동도 있다. 이것은 급경사면에 발달한 퇴적층이나 토양층 최상부를 구성하는 토양 혹은 쇄설물이 수분을 많이 함유하게 되어 아래쪽으로 이동하는 현상으로서, 육안으로는 운동 그 자체를 관찰하기 어렵고 대개 지표를 덮고 있는 물질에 나타난 변화를

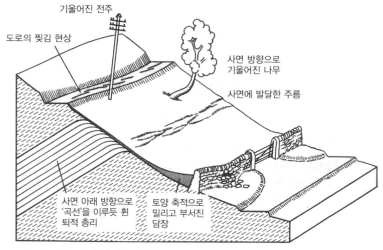

기울어진 전주

도로의 찢김 현상

사면 방향으로
기울어진 나무

사면에 발달한 주름

사면 아래 방향으로
'곡선'을 이루듯 휜
퇴적 층리

토양 축적으로
밀리고 부서진
담장

[그림 23] 토양포행의 영향. (출전: C&C Fig. 3.19)

통해 인지할 수 있다(그림 23).

　토양포행은 함유 수분의 동결과 융해가 반복되거나 습윤
상태와 건조 상태가 반복됨으로써 토양이 팽창과 수축을 반복
하는 과정에서 발생한다. 즉, 동결팽창이나 함수팽창은 토양의
부피를 늘려 입자를 경사면과 수직방향으로 들어 올리는데 융
해나 탈수로 부피가 줄어들면 입자는 중력방향으로 내려앉아
결국 사면 아래로 조금씩 움직인다. 이러한 일이 반복됨에 따
라 입자는 서서히 사면을 이동하게 된다. 포행의 속도와 정도는
사면 경사도와 더불어 토양의 성격과 식생, 기후 등의 조건이
영향을 미친다. 이동 속도는 지표에서 지하로 갈수록 느려지는
데, 층의 위와 아랫부분이 등속으로 움직이지 않기 때문에 토양

포행이 발생한 토양단면에서는 토양층이 끊어진 상태로 나타날 수 있다. 사면지형에서 유적을 발굴하며 지표에 드러난 모습에서 기대되는 위치와 동떨어진 곳에서 유물이나 유구가 발견되는 자못 당황스러운 상황에 부닥치기도 하는 것은 바로 이런 이유 때문이다.

암설포행(rock creep)은 암설이 토양포행과 유사한 방식으로 유동하는 것으로서, 영구 혹은 반영구동토지역의 대표적 지질현상의 하나인 솔리플럭션(solifluction)이 그 예이다. 솔리플럭션은 토양포행과 마찬가지로 수분이 포화상태에 이른 동결물질이 여름에 잠시 녹으며 움직이게 됨으로써 일어나는 현상이다. 솔리플럭션과 동일한 원리에서 발생하는 현상은 우리나라에서도 겨울에 관찰할 수 있는데, 특히 사면에 굵은 모래알이 많이 포함된 흙이 수분과 함께 얼어 위로 솟구쳐 오른 다음 기온이 오른 낮에 녹아 아래로 이동하곤 하는 현상이 그것이다. 가혹한 조건 하에서 일어나는 동결과 융해의 반복은 세립질 입자는 물론이려니와 암설뿐만 아니라 큰 암괴도 움직이며, 따라서 겨울이 추운 우리나라에서 유물과 유구의 위치나 분포에 영향을 끼칠 수 있다.

우리나라에서는 매스무브먼트로 유적 전체가 파묻혔다거나 훼손된 사례는 드물다. 그렇지만 움집이나 저장구덩이의 모퉁이나 가장자리가 바닥에 떨어져 내린 것 같은 국지적 낙하

운동으로 인한 부분적 훼손은 흔히 발견된다. 가시적 증거는 뚜렷하지 않아도, 오랫동안 산림이 황폐했던 우리나라에서는 계절적으로 집중된 강수로 인한 침식과 더불어 토양 슬럼프, 활강 혹은 암설포행은 유적 형성과 변형에 큰 영향을 미쳤으리라 짐작할 수 있으며, 특히 구릉지에 놓인 유적과 퇴적층을 크게 훼손했을 것이다. 이런 점을 감안할 때 발굴이나 유적 분포 연구에서는 매스무브먼트가 상당한 규모에 걸쳐 유적 지형과 층서를 변화시켰을 가능성은 없는지 살필 필요가 있을 것이다.

4. 콜루비움

앞에서 콜루비움이란 사면류가 만든 퇴적층이라고 했는데, 이외에도 매스무브먼트로 만들어진 퇴적층 중에서도 특히 유동이나 포행으로 퇴적된 상대적으로 작은 입자로 구성된 퇴적층이나 사면 하부에 하천이 쌓은 홍수성 퇴적물을 가리키기도 한다. 이 말은 붕적층(崩積層), 녹설층(麓屑層), 붕적모재(崩積母材)라고 번역되고 있다. 콜루비움의 일반적 특징으로는 층의 구조를 잘 확인할 수 없으며, 풍화로 만들어진 각력을 많이 갖고 있고, 물질의 분급상태가 불량하다는 점을 들 수 있다. 이러한 몇몇 특징은 하천 활동으로 만들어진 유수퇴적층(fluvial deposit),

즉 충적층(alluvium)과 대비되는데, 콜루비움이라는 어휘 그 자체도 원래 후자의 대비어로서 제시되었다.

콜루비움이 다양한 성인으로 만들어진 여러 종류의 퇴적층을 가리킨다는 사실은 그 개념이 사실은 명확하게 정의되지 않았음을 뜻한다. 용어가 실제 적용되는 사례를 보면, 이것은 사면 하부나 사면에 연접한 골짜기 가장자리를 따라 발달하였으며, 층리의 발달상태나 구성물질의 분급상태와 원력도가 그리 좋지 않고 어느 정도 제한된 크기의 입자로 구성되어 있되, 급격한 매스무브먼트에 의해 만들어지지 않은 모든 퇴적층을 지칭하는 용어로서 사용되고 있다. 즉, 콜루비움이란 대체로 사면류를 포함한 유수운동이 퇴적과정에 어느 정도 관여했다고 보이는 퇴적층 중에서 전형적인 충적층을 제외한 나머지를 폭넓게 부르는 말이다.

콜루비움이 이렇게 폭넓게 적용되는 용어라는 점과 더불어, 구릉과 산지가 많고 충적층이 그리 발달하지 못한 지형적 특징 때문에 우리나라에서 절대 다수의 유적은 콜루비움으로 퇴적층이 구성되어 있다고 할 수 있다. 특히 구석기 유적은 퇴적층의 전부 혹은 주요부분이 콜루비움으로 구성되어 있는 경우가 상례라고 할 수 있을 정도이다. 이렇게 퇴적층이 콜루비움으로 구성되어 있는 사정은 지질고고학 연구와 관련되어 그다지 반가운 사정은 아니다. 왜냐하면 충적층이나 호소 퇴적층 혹은 바람에 의해 쌓인 황토와 달리 콜루비움은 상대적으로 급격하고 불규칙한 퇴적과정을 거치며 형성되었으므로, 콜루비움 퇴적층에서는 층서가 뒤집히는 경우도 흔하려니와 시대를 달리하는 물질이 하나의 퇴적단위 내에 뒤섞여 있을 가능성도 상대적으로 크기 때문이다(그림 24).

　이러한 상황은 우리나라에서 특히 구석기시대 연구에 어려움을 주고 있는데, 무엇보다도 연대측정에 큰 장애가 되고 있다. 많은 경우 유적의 연대측정은 OSL 방법에 기대게 되는데, 3장에서 언급한 대로 OSL처럼 퇴적층 자체를 직접 시료로 삼아 실시하는 연대측정은 균질하지 못한 입자와 불충분한 에너지

[그림 24] 빠른 속도로 콜루비움이 퇴적될 때에는 사면을 따라 석기와 깨진 돌이 뒤섞이며 흘러내려 움푹 파인 곳에 재퇴적될 수도 있다. 사진은 경기도 일산의 어느 구석기 유적에서 보이는 양상이다.

방출이라는 해결이 어려운 문제를 안고 있다. 더욱이 시료의 연대가 아무리 정확해도 콜루비움 퇴적의 특성상 연대측정치와 단면에 노출된 층서가 늘 일치하는 것도 아니다. 이렇게 연대측정이라던가 유적의 형성과 변형과정에 대한 연구에서 부닥치는 어려움이 크면 클수록 유적의 퇴적환경에 대한 정확한 평가의 중요성은 그만큼 더 커진다고 하겠다.

제6장

하천운동

1. 유수 운동

앞서 살펴보았듯, 유수의 침식과 운반 및 퇴적운동은 사면을 흐르는 빗물로부터 시작해 도도히 흐르는 큰 강에 이르기까지 일련의 연속된 과정을 이루며 일어난다. 물줄기의 흐름이 과연 어느 정도 규모에 이르렀을 때부터 하천이라고 부를 수 있는지 명확하게 말하기 어렵지만, 아무튼 사면을 따라 흐르는 물이 골짜기에 다다라 여러 줄기가 함께 모이면 하나의 흐름을 이루게 된다. 가시적으로 사면을 흐르는 물이 없더라도 지하수가 지표로 스며 나와 흐르기 시작하면 그 물줄기는 점점 커져 결국 작은 개울을 이루고, 개울과 개울이 만나며 점점 더 큰 줄기를 이루게 된다.

그런데 하천은 반드시 흐르기만 하는 것이 아니다. 내륙분지로 흘러들어가는 하천이나 바다로 흐르는 하천의 본류에서 떨어져 나온 부분은 흐름이 멈추어 호수가 되기도 한다. 하천의 흐름이 서서히 멈추면 그에 따라 하천이 만드는 충적층도 점차 호소퇴적층(lacustrine deposit)으로 바뀌게 된다. 하천과 호소는 그 규모와 상관없이 침식과 퇴적을 통해 지형을 끊임없이 변화시키며 인간 생활에 큰 영향을 미쳐 왔다. 충적대지는 선사시대 이래 인간 활동의 중요한 터전으로서, 수많은 유적이 그 위와 주변에 만들어졌다. 그에 따라 많은 지질고고학 연구가 하천과 호수가 만든 지형을 대상으로 이루어지고 있다.

비록 작은 개울일지라도 골짜기를 따라 가시적으로 물이 쉬지 않고 흐르면, 개울에 연한 사면 아래쪽 가장자리에는 사면을 따라 흘러내려 쌓인 콜루비움과 개울이 만든 충적층이 혼재하는 퇴적층이 만들어진다(그림 19). 이때 퇴적물의 구성은 가장자리에서 골짜기 중심부로 가며 유수운동으로 쌓인 충적물이 점점 우세해지는 모습이 된다. 만약 하곡의 너비가 어느 정도 크다면, 가장자리와 골짜기 중심부에서 퇴적물의 구성은 뚜렷하게 차이를 보여주게 될 것이다. 극권에서 열대지방에 이르는 모든 곳에서 하곡의 횡단면을 따라 퇴적물 구성은 이러한 모습이라고 할 수 있다.

하천이 지표의 요철과 지구조의 특징에 따라 흐르며 만들어지는 유로는 일정한 패턴을 보여준다. 평지를 흐르는 하천은 사행운동(meandering)을 하며 끊임없이 새로 구불구불한 유로를 만드는 것이 일반적이다(그림 25). 그렇지만 임진강이나 남한강 상류처럼 산간계곡을 흐르는 하천의 유로는 지질구조선을 따라 결정된 것으로서, 유로가 새로 만들어질 공간이 제한되어 있어 일단 만들어진 유로는 오랫동안 유지된다.

따라서 하계망(drainage pattern), 즉 하천의 본류와 모든 지류의 평면 배치와 구성은 지형의 특징에 따라 상이한 모습이 된다. 예를 들어, 평탄하고 균질적인 대지에 발달한 하천은 보

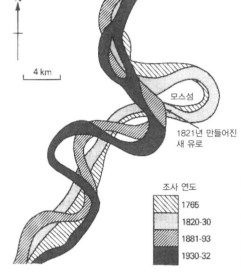

N

4 km

모스섬

1821년 만들어진
새 유로

조사 연도
1765
1820-30
1881-93
1930-32

[그림 25] 1881~1930년
사이의 미시시피강의 유로
변화. 모스섬은 1821년 서
쪽에 유로가 새로 생기며 만
들어졌다. (출전: C&C Fig.
5.11)

다 하위의 소하천이 차례대로 상위 하천으로 합쳐짐으로써, 전
체 하천의 분포는 마치 나뭇잎맥과도 같은 모습, 즉 엽맥상(葉
脈狀; dendritic)의 하계망을 구성하게 된다. 그러나 좁은 곡간
평지와 분지성 지형이 발달한 우리나라에서는 서울 사대문 안
지역에서 보듯 사방의 산지에서 시작한 모든 하천이 청계천 같
은 중심 하천을 향해 모이는 구심(求心; centripetal) 구조가 발달
한 곳이 많다. 구심 하계망과 반대되는 모습인 원심(centrifugal)
하계망은 한라산을 중심으로 사방으로 하천이 흘러내리는 제
주도 같은 곳에서 그 사례를 볼 수 있다.

　이렇게 하계망이 지형과 밀접한 관계를 갖고 발달하기 때문에, 하계망 분석은 연구대상지역에서 현재와 과거의 하천운동의 특성과 운동 양상을 이해할 수 있게 해준다. 즉, 하계망의 전반적 특징에 대한 관찰은 해당 수계에 분포하는 유적의 형성과 하천운동 사이의 관계를 추론함에 필요한 기초정보를 얻게 해준다. 그러한 관찰은 유역을 흐르는 대소 하천의 위계관계와 각 하천별 유역 범위의 확인에서부터 시작한다(그림 26).

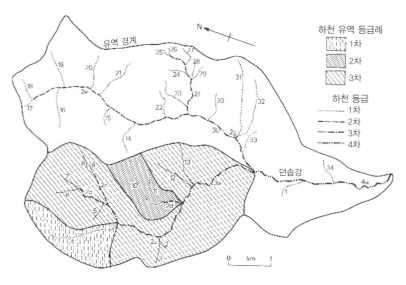

[그림 26] 하계망 구성도의 한 사례. 영국 랭카셔 Dunsop강. (출전: C&C Fig. 4.8)

2. 운동에너지

물이 하천을 따라 높은 곳에서 낮은 곳으로 흘러갈 때, 극히 예외적인 경우를 제외하면 물 입자 하나하나는 매끄러운 직선이나 곡선 또는 포물선을 이루며 흐르는 것이 아니다. 그와는 달리 물 입자 하나하나는 끊임없이 상하좌우로 움직이며 흐르고, 따라서 물 입자의 실제 운동속도는 상류에서 하류로 흐르는 물의 평균유속보다 훨씬 빠르다. 이러한 물의 흐름을 난류(亂流; turbulent flow)라고 하는데, 평상시에 하천의 유로가 침식되고 침식된 물질이 운반되는 것은 난류가 일어나기 때문이다. 난류와 대비되는 개념으로 물 입자가 전혀 흐트러지지 않고 평행하게 규칙적으로 흐르는 흐름을 층류(層流; laminar flow)라고 한다. 층류는 유속이 느린 경우 발생할 수도 있겠지만, 자연하천에서는 보기 힘든 현상이다. 따라서 이것은 다만 하천운동의 이해에 도움을 주는 상대적 개념일 뿐이라고 할 수 있다(그림 27).

유수에 의한 침식과 퇴적운동의 양상은 물이 갖고 있는 에너지의 양에 따라 결정된다. 해수면보다 높은 위치에 고여 있는 물은 위치에너지라는 잠재적 에너지를 갖고 있다. 위치에너지는 물이 흐르기 시작하며 운동에너지(kinetic energy)로 바뀌게 된다. 운동에너지는 물이 흐르는 과정에서 발생하는 물 입자들 사이의 내부마찰, 즉 점성(viscosity) 때문에 점차 감소하며, 유

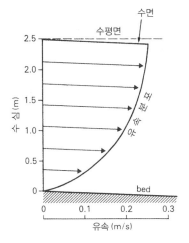

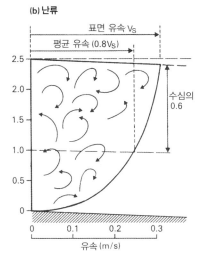

[그림 27] 물의 흐름과 유속의 상관관계. (출전: C&C Fig. 4.14)

수와 하천 바닥과의 마찰도 운동에너지를 감소시킨다. 또 에너지의 일부는 흐르는 과정에서 소리나 열로 바뀌어 방출된다. 그렇게 사라진 에너지를 제외한 나머지가 유로를 침식시키고 침식된 물질을 운반하는 에너지로 사용된다.

　유수의 운동에너지 총량은 해수면과의 고도차 및 물의 총량에 비례한다. 즉, 물의 흐름이 높은 곳에서 시작하면 할수록 유속으로 대변되는 운동에너지는 그만큼 더 커지게 된다. 또 유로의 경사가 급할수록 위치에너지는 그만큼 더 급속하게 운동에너지로 바뀌고 따라서 유속이 더 빨라져 운동에너지도 커지지만, 그 반대로 유로의 경사가 완만할수록 유속은 낮아지고 운동에너지도 줄어든다.

흐르는 물의 양은 대개의 경우 1초 내에 한 지점을 통과하는 물의 양을 의미하는 유량(discharge)을 계산해 측정한다. 유량은 유속과 유로의 지형이 결정하는데, 유로가 클수록 흐르는 물이 많으므로 유량도 더 늘어나고 따라서 운동에너지도 더 크다. 물이 유로를 따라 흐르는 속도는 유로의 지형이나 하천 바닥과의 마찰력의 변화를 비롯한 여러 가지 이유 때문에 일정할 수 없다. 유로를 가로지르는 횡단면을 따라 유속을 측정하면 한쪽 가장자리에서 반대쪽 가장자리에 걸쳐 지점마다 속도가 조금씩 다르게 나타나며, 그러한 속도의 차이는 단면의 위아래를 따라서도 나타난다. 이렇게 실제로 물이 흐르는 속도에는 차이가 있기 때문에 유속이란 어느 주어진 지점의 유로 단면 여러 곳에서 측정한 값의 평균치를 계산해 얻게 된다(그림 28). 하천의 유량은 유로의 특정 지점에서 측정한 유속에 유로의 단면적

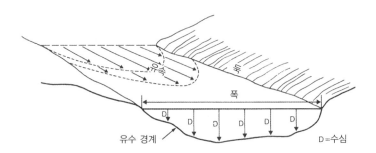

[그림 28] 유로와 유속. (출전: C&C Fig. 4.14)

을 곱한 값이므로, 유속이 같다면 유로의 단면적이 클수록 유량이 커지고 따라서 운동에너지도 커진다. 유로의 단면적은 유로 바닥지형과 유수 상면의 높이에서 계산하는 면적이므로 유로가 넓고 깊으며 수위가 높을수록 유량과 운동에너지는 커지는 법이다.

갈수기와 홍수기에는 하천으로 흘러 들어오는 수량에 차이가 발생하며, 그에 따라 수위와 유로 단면적도 달라질 뿐 아니라 유속에도 차이가 생긴다. 그러한 차이는 하천의 운동에너지에 큰 차이를 갖고 오기 마련이며 따라서 하천의 침식과 퇴적운동도 매우 달라진다. 여름철에 태풍이나 집중호우로 수위가 급격하게 높아져 홍수가 발생하면 하천 주변지역이 범람으로 인해 큰 피해를 입게 되는 것은 수량과 유속이 크게 늘어남에 따라 침식을 일으키는 운동에너지가 급작스럽게 크게 늘어나기 때문이다.

이렇게 하천의 운동에너지는 유속, 유량, 유로 형태, 유로와의 마찰이라는 변수가 결정한다. 이러한 변수들은 상수로서 작용하는 것도 아니며, 어느 한 변수의 변화는 다른 변수에도 변화를 가져와 하천의 침식과 퇴적운동에 영향을 미친다. 예를 들어, 유량의 급작스러운 증가는 유속뿐만 아니라 유로의 형태나 바닥과의 마찰운동에도 예측하기 어려운 변화를 일으키며 운동에너지를 크게 증가시켜 급격한 지형변화를 유발할 수도 있다.

하천의 침식과 퇴적운동은 대체로 동시에 일어난다고 생각할 수 있다. 그런데 유수의 운동에너지가 평소보다 더 커진 상태에서는 퇴적보다 침식과 운반이 상대적으로 더 활발히 일어나며, 줄어들면 그 반대로 퇴적이 더 일어나게 된다. 이러한 하천의 운동양식과 유수에너지 사이의 상관관계는 〈그림 29〉가 보여준다. 그림에서 보듯, 집중호우로 어느 하천의 유속이 평소의 100mm/s에서 10배 늘어난다면, 운동에너지가 크게 늘

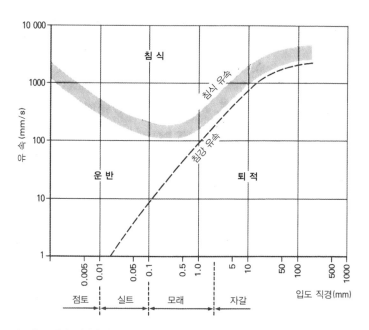

[그림 29] 유속 변화와 퇴적물 이동 양상. (출전: C&C Fig. 4.20)

어나 자갈 같은 큰 입자도 운반하게 되며 점토, 실트, 모래 같은 작은 입자가 휩쓸려 내려가, 침식이 퇴적을 압도하게 된다. 강수량과 유량의 계절변화가 극심한 우리나라에서는 그러한 유량 변화야말로 하천 주변지역의 지형에 변화를 가져오고 유적의 형성과 보존에 영향을 끼치는 가장 중요한 변수라고 생각할 수 있다.

3. 침식과 퇴적

하천의 침식운동은 상시적으로 일어나지만 평상시 조용히 흐르는 하천이 대규모 침식을 일으킬 수 있음을 인지하기는 쉽지 않다. 평상시에는 하천이 설령 침식운동을 하더라도 그것은 주로 상류에서 일어난다. 그러나 평소 침식보다 퇴적이 주로 이루어지는 하류에서도 집중호우 등의 이유로 유량이 급격히 증가해 운동에너지가 크게 늘어나면 유로가 크게 침식을 받게 된다. 그렇게 홍수 때 발생하는 급격하며 대규모적인 하상침식을 하상세굴(河床洗掘; bed scour)이라고 한다.

하상세굴은 홍수가 시작하자마자 바로 일어나지 않는다. 또 하상세굴로 파헤쳐진 하상은 침식된 모습이 그대로 유지되는 것도 아니다. 홍수가 발생할 때 하천의 침식과 퇴적운동은 홍수의 시작에서 끝까지 일정한 규칙성을 보여준다. 홍수 초기 단계에는 물이 불어나며 상류로부터 운반된 퇴적물, 즉 하중(load)이 크게 늘어나며 바닥에 쌓임에 따라 하상고가 높아진다. 시간이 더 흘러 홍수가 정점에 다다라 운동에너지가 기하급수적으로 커지면 상류로부터 운반된 퇴적물은 쌓이지 않고 계속 멀리 운반되며 이와 동시에 하상이 침식되기 시작한다. 일단 하상의 침식이 시작되면, 유속이 감소할 때까지 하상은 상당히 깊고 넓은 범위에 이르도록 계속 침식을 받게 된다. 이후 홍수가 물러가는 단계가 되어 수량과 운동에너지가 줄어들면 상류에서 운반된 물질이 다시 퇴적되며 홍수가 정점에 이르렀을 때 깊게 파인 하상이 메워지기 시작한다.

홍수가 일으키는 이러한 하상의 깎고 채움(scour-and-fill) 운동 때문에 하상 단면의 모습은 홍수를 겪을 때마다 달라진다. 또 하상세굴이 일어나는 과정에서 침식은 유로의 측면을 따라서도 일어나기 때문에, 유로의 단면만이 아니라 평면의 너비와 굴곡이나 진행방향을 비롯한 전체 형태에 변화를 가져오며, 하천 주변의 지형과 퇴적층도 큰 영향을 받게 된다. 강변 충적대지에 위치한 유적을 발굴하며 층서 확인을 위해 소위 '생토층'을 깊이 파내려 간다면, 노출 단면에서는 유적 형성 이전에 그곳에 있던 유로를 따라 발생한 하상세굴과 재퇴적의 증거를 보게 될 수 있을 것이다.

하상세굴로 하상이 침식을 받는 정도는 유량과 유속 변화 및 하상 구성물질의 성격이나 하천 형태 등의 여러 요인에 따라 결정된다. 그러나 아무튼 운동에너지의 급격한 증가는 평소에는 상상하기 힘든 규모로 하상을 침식하기도 해, 한강 같은 큰 하천에서는 수십 미터 깊이로 침식이 이루어지기도 한다. 아마도 서울 주변에서 한강이 자연하천으로 흐르던 시기에는 홍수 때마다 상당한 규모의 하상세굴이 일어났을 것이며, 그로 인해 하천과 주변 일대의 지형에도 상당한 변화가 있었을 것이다.

홍수 때문에 발생하는 침식과 퇴적만큼 급격하지는 않더라도, 하천은 평상시에도 꾸준히 주변의 지형을 변화시켜 나간다. 평상시에 침식과 퇴적이 계속 이루어지는 것은 하천의 유로가 굴곡을 이루기 때문이다. 유로가 직선인 하천은 없다. 이론적으로는 지형과 지질을 비롯한 모든 조건이 균질적인 평면 위를 흐르는 하천의 유로는 직선이 되겠지만, 자연에서 그러한 조건은 갖추어질 수 없다. 다만 하상이 큰 자갈 덩어리 같은 굵은 입자로 구성된 제한된 구간에서는 유로가 직선에 가까운 모습일 수도 있다. 왜냐하면 그러한 곳에서는 하상 지형이 물의 흐름에 저항하는 정도가 비교적 높기 때문에 침식을 일으키는 유수의 운동에너지로부터 영향을 비교적 적게 받기 때문이다. 그러나 유로의 외형이 아무리 직선에 가깝다고 해도, 시간이 흐르면 유로 가장자리에는 상류로부터 운반된 퇴적물이 쌓이지 않을 수 없다. 그 결과 만들어지는 사주(砂洲[bar]; 포인트바[point bar])는 물의 흐름을 방해하며, 따라서 일견 직선으로 흐르는 것 같은 하천에서도 실제로 물은 수심이 가장 깊은 부분을 중심으로 삼으며 구불구불 흐른다. 또한 그러한 유로의 중심을 따라가며 유로에는 바닥이 움푹 파인 풀(pool)과 수심이 낮은 여울(ripple)이 반복적으로 만들어진다. 이렇게 풀과 여울이 만들어지는 것은 유수의 파상운동과 관계된다고 여겨진다(그림 30). 유로를 따라 풀과 여울이 반복적으로 만들어진 사례는 비록 댐과 제방 건설로 많이 사라지긴 했지만 지금도 임진강과 한탄강 곳곳에서 볼 수 있다. 이 일대에서 여울이 넓게 발달한 곳은 예부터 중요한 도강지점으로서, 호로고루나 당포성 같은 삼국시대 관방유적이 들어선 입지적 배경이 되었다(그림 31).

하상이 큰 덩어리가 아닌 모래 같은 보다 고운 입자로 구성되어 있으면 유로 가장자리에는 퇴적물이 굴곡을 이루며 쌓이고, 사행(蛇行; meandering) 유로가 만들어진다. 사행이란 하천의 유로가 원호와 같은 곡선을 이루며 규칙적으로 곡류하는 현상을 가리킨다. 하천의 사행은 유로를 따라 바닥에 존재하는 불규칙성이나 측면에 만들어진 사주와 같은 흐름을 방해하는 요인을 피해 물이 흐르는 과정에서 시작한다고 여겨진다. 사행 유로가 보여주는 곡선의 규칙성은 하천이 모든 방향으로 운동 에너지를 보다 효율적으로 분산시키려는 일종의 평형 기제가

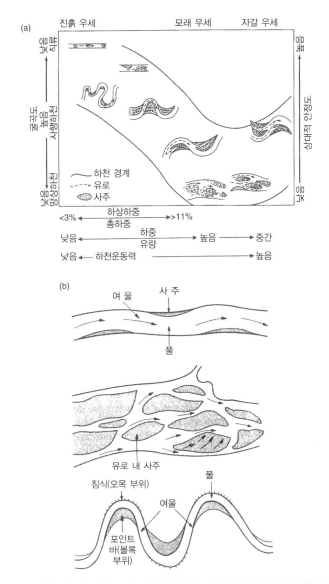

[그림 30] 풀과 여울의 발생. (a) 유로의 형태와 하중, 에너지 및 안정도 사이의 상관관계.
(b) 직류, 망상하천, 사행하천의 유로. (출전: G&M Fig. 5.3)

[그림 31] 호로고루 유적(노란 핀) 주변의 임진강 유로에 보이는 풀과 여울의 양상. 비 온 뒤 하천에 다량으로 유입된 퇴적물이 운반되는 모습이 수심이 깊은 풀 부분에서는 드러나지 않지만 수심이 낮은 여울에서는 뿌옇게 드러나 대조를 이루고 있다. (2007. 6. 10. 구글어스 이미지)

작용함을 말해 준다고 추정된다. 그러한 기제의 작용으로 사행 유로에서는 하천의 폭과 원호 하나하나의 지름이 일정한 비례 관계를 보여준다.

하천의 곡류로 유로 한쪽에서는 침식이, 그 반대쪽에서는 퇴적이 일어남으로써 사행운동은 계속 진행되며 유로 형태도 그에 따라 계속 변하게 된다(그림 30, 32). 사행운동의 진행에 따라 원호는 점점 완전한 원에 가까운 모습이 되는데, 유로가 드디어 원을 이루게 되면 물은 더 이상 원을 타고 흐르지 않는다. 그에 따라 구 유로에서는 물의 흐름이 멈추어 결국 소택이 됨으로써 우각호가 만들어진다. 하천의 유로가 이런 식으로 끊임없이 변함에 따라 충적대지의 형태와 퇴적층의 구성도 계속 변하게 된다. 따라서 하천 사행운동의 직접 영향을 받는 충적대지에서는 유적이 만들어진 다음 어떠한 방식으로건 하천운동의 영향을 받았다고 생각해야 한다. 예를 들어, 춘천 중도 같은 하중도나 풍납토성 같은 강변 충적대지에 만들어진 유적에서는 후대의 하천운동으로 유적이 파괴된 현상을 잘 볼 수 있다.

4. 범람원

하천의 침식운동은 유적을 파괴하는 결과를 가져와 자료를 소멸시킨다. 따라서 지질고고학 연구에서는 어쩔 수 없이 하천의 침식운동보다 유적이나 퇴적층을 만들고 보존시킨 퇴적운동에 더 많은 관심을 기울이게 된다. 하천의 대규모 퇴적운동은 일정한 조건이 갖추어진 곳에 삼각주와 선상지라는 특징적 지형을 만든다. 그런 지형에서는 유수가 운반하는 하중의 양이 수량을 압도하는 경우에 유로가 난마처럼 얽히고설킨 망상하천([網狀河川] 또는 난망하천[難網河川]; braided stream)이라는 하계망이 발달하기도 한다(그림 30).

삼각주와 선상지는 각각 하구와 산간곡구에 만들어지는데, 양자는 공통적으로 유수의 운동에너지가 갑자기 줄어들기 때문에 만들어지는 지형이다. 삼각주는 낙동강 하구에서 보듯 모래와 실트 중심의 고운 입자로 구성되지만, 선상지는 산지에서 운반된 거친 자갈 같은 굵은 입자로 구성된다. 삼각주와 선상지는 그 평탄한 지모가 주는 이점 때문에 일단 지형이 완성된 다음에는 인간 활동의 터전으로 사용될 수 있다. 삼각주는 또 경작에도 유리하기 때문에 농경집단이 정착해 살 수 있다. 그렇지만 지형이 형성되는 동안에 전개된 인간 활동을 말해주는 유적은 단지 제한된 부위에서만 만들어질 수 있으며, 설령 만들어지더라도 특히 선상지에서는 보존되기 어려울 것이다. 예를 들어, 낙동강 하구의 양안에서는 선사시대 이래 여러 시기의 유적이 발견되지만 삼각주 그 자체에는 뚜렷한 유적이 알려지지 않았다. 마찬가지로, 비록 도시화로 그 원형을 보기 어렵게 되었지만 대구 시지동 일대에 있는 남쪽 산지로부터 흘러내린 욱수천이 만든 제법 큰 규모의 선상지 위에서는 지형 완성 이후 들어선 삼국시대 고분 등의 역사시대 유구만이 확인되었을 뿐, 선상지가 만들어지던 시기인 선사시대의 유적은 발견된 바 없다.

하천운동이 만든 지형으로서 삼각주나 선상지보다 고고학 연구와 관련해 보다 중요한 것은 충적대지(alluvial plain), 즉 범람원(floodplain)이다(그림 32). 범람원이란 상류에서 운반된 물질이 하천의 범람으로 하천 양안에 퇴적되어 형성되었고 하

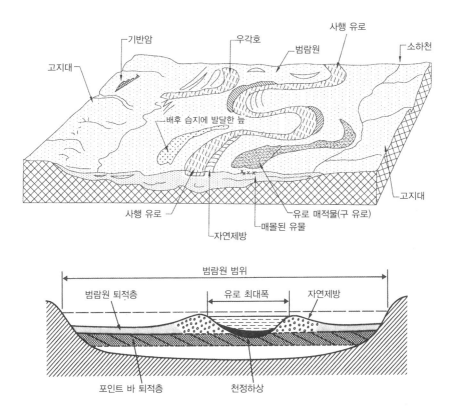

[그림 32] 범람원 모식도. (출전: R&H Fig. 3.4; C&C Fig. 4.3)

천 사행운동이 만든 하곡을 끼고 있는 평탄지형이라고 정의할 수 있다. 하천운동이 만든 범람원은 하천을 비롯한 몇 개의 지형 요소로 구성된다. 그러한 요소로는 평상시의 하곡 범위를 규정하는 자연제방, 홍수 때 물이 넘치는 배후습지, 곡류하는 하천이 만든 우각호, 활동성을 상실한 유로인 고하도 및 하중도가 포함된다.

이 중에서 특히 자연제방은 고고학과 관련되어 중요한 지형이다. 자연제방은 고도가 상대적으로 높고 사질 퇴적물로 구성되어 홍수 때에도 거주에 유리하기 때문에 선사시대부터 인간 활동의 중요한 거점으로 이용되어 왔다. 우리나라에서 하천변의 충적층 내에서 발견되는 유적, 특히 마을유적은 당시의 자연제방 위에 만들어진 것이다. 만약 그런 유적이 현재 지표 아래 깊이 묻혀 있다면, 다른 조건에 변화가 없었다고 가정할 때 유적 형성 이후 하상의 고도가 그만큼 높아졌다고 생각할 수 있다. 시간의 흐름에 따라 하천의 퇴적운동 양상은 변화하기 마련이며, 그런 변화로 범람원의 외모가 계속 바뀌며 과거의 지표는 범람원 속에 묻히게 된다.

퇴적으로 만들어진 범람원의 외모는 하천의 침식운동으로 모습이 변해간다. 앞에서 살핀 바처럼 하천의 침식운동은 유량과 유속 및 하상 경사도의 영향을 받는다. 따라서 만약 하천이 운반하는 하중, 즉 퇴적물질이 줄어들면 유량과 유속이 상대적으로 늘어나고 빨라져 침식운동이 더 활발해진다. 이러한 하천의 침식운동은 폭이 좁건 넓건 골짜기 지형을 만들며, 그렇게 만들어진 하곡은 끊임없이 변하는 하천운동의 양상과 더불어 형태가 계속 바뀌어나간다. 특히 하천이 일정 고도의 범람원 위에서 활동하는 시간이 길면 길수록 사행운동은 점점 더 복잡한 형태로 이루어지게 되어, 늦은 시기의 유로가 앞 시기의 퇴적층을 침식하고 새로운 물질을 퇴적시키는 일이 반복해서 일어난다. 따라서 충적대지에 위치한 유적에서는 시기를 달리하는 퇴적층이 동일한 평면에 혼재할 수 있고, 반대로 한 시기의 유물이 시기를 달리하는 퇴적층에 흩어져 분포할 수도 있음에 유념해야 한다. 즉, 범람원에서 이루어지는 지질고고학 연구에서는 퇴적과정의 변화를 반드시 파악해야 한다.

하천의 역동성은 범람원 상에서 퇴적물의 분포뿐만 아니라 토양의 형성과 분포에도 영향을 끼쳐, 궁극적으로 고고자료의 형성과 보존을 결정짓는 중요한 문제이다. 하천 운반 물질이 퇴적이 끝난 다음 육지로 계속 노출된 상태로 남아 있는 곳에서는 장기간에 걸쳐 토양이 발달하고 인간이 그 위에서 활동할 수 있다. 그러나 육지화된 상태가 유지되지 못하고 유로 변화 등의 이유로 침식되거나 저습지로 변해 버린 곳에 남겨진 인간 활동의 증거는 살아남기 어려울 것이다. 하천운동의 변화를 말해주는 현상으로서, 주어진 범위의 범람원 퇴적층에서도 토양이 균질적으로 발달하지 않는 현상은 흔히 볼 수 있다. 그러므로 야외관찰에서 노출 상태로 있는 고토양이나 급격한 퇴적으로 매몰된 고토양의 분포와 특성에 대한 관찰과 분석은 자연조건과 인간 활동의 변화를 추정할 수 있는 단서를 제공해 줄 수 있다.

한편, 우리나라에서는 자연적으로 만들어진 호소이건 인

[그림 33] 통나무 배가 발견된 창원 비봉리 신석기시대 유적. 유적 일대는 〈그림 15〉에서도 설명한 낙동강 수위 상승과 연관된 하곡의 매적으로 두터운 퇴적층으로 덮였다.

공적으로 만들어진 안압지 같은 연못이건, 저습지 퇴적층 내에서 어느 정도 시간 폭을 갖고 만들어진 고고층서가 체계적으로 조사된 사례는 그리 없다. 드문 사례의 하나로서, 많은 유기질 유물이 발견된 광주 신창동 유적은 범람원 가장자리의 구릉과 평지에 마을과 묘역이 들어섰고, 목기를 비롯한 많은 유물이 용도 폐기되며 마을에 연한 저지대의 소택에 버려졌기 때문에 잘 보존될 수 있었다. 또 창녕 비봉리 유적이나 창원 다호리 선착장 유적은 낙동강의 수위와 유로가 바뀌어 유적 일대가 저습지가 되며 유기물 유구와 유물이 보존될 수 있었다(그림 33). 이렇게 범람원에 형성된 저습지 퇴적층에는 선사시대 이래의 인간 활동의 증거가 보존되어 있을 가능성이 항상 있으므로, 충적대지에서의 조사에서는 그러한 층의 존부 여부를 확인하며 해당 층의 형성과정과 다른 문화층과의 관계를 비롯한 여러 문제를 살펴보아야 한다.

제7장

단구 지형

1. 단구의 정의

단구의 사전적 의미는 평탄면의 앞뒤로 급경사면이 발달하여 그 단면이 마치 계단과 같은 모습인 지형을 뜻한다. 이런 모습의 지형은 하천이나 해수운동으로 만들어져 강가나 바닷가에서 발견되는 경우가 많은데, 그런 곳에 있는 단구는 위치에 따라 각각 하안단구(혹은 강안단구)와 해안단구라고 한다. 즉, 하안단구니 해안단구니 하는 명칭은 단지 해당 단구가 강가에 있는지 바닷가에 있는지를 가리킬 뿐이며, 반드시 하천이나 해수운동과 관계없이 만들어진 지형일 수도 있다. 그러나 하안단구는 그 위치가 말해주듯 대부분의 경우 하천의 퇴적운동이 만든 충적대지가 다시 침식을 받아 만들어진다. 해안단구도 유스타틱운동, 즉 해수면 수위변동(eustatic change in sea-level; sea-level change) 때문에 만들어지는 사례가 많다.

그런데 우리나라 지리학이나 지질학계 일각에서는 하안단구를 가리켜 기후단구라고 부르고 있다. 기후단구란 19세기 말에서 20세기 초에 소위 우기설(pluvial theory)이 제기되며 등장한 개념이다. 우기설이란 플라이스토세 동안 고위도 지역에서는 빙하기와 간빙기가 반복되었으나 빙하가 발달하지 않은 중저위도 지역에서는 그에 상응해 건기와 우기가 반복되었다는 가설이다. 이 우기설의 연장선상에서 하안단구는 간빙기, 즉 우기에 하천운동으로 만들어진 두터운 퇴적층이 건기, 즉 빙하기에 침식되어 만들어졌다는 학설이 제시되었다. 즉, 하안단구는 강우라는 기후 조건의 변화로 하천의 퇴적과 침식운동이 주기적으로 변했기 때문에 만들어졌으므로, 지형을 만든 성인을 밝힌다는 뜻에서 기후단구라는 용어가 등장했던 것이다. 그러나 제4기 환경에 대한 이해가 커지며 우기설 및 그와 관련된 모든 가설은 20세기 중반부터 사라졌다. 따라서 기후단구라는 용어는 더 이상 현대 지형학에서 사용되지 않고 있다.

단구는 위치한 장소를 불문하고 기반암이나 이미 존재하고 있던 퇴적층이 하천이나 해수의 침식을 받았기 때문에 만들어졌을 수도 있다. 그런가 하면, 지괴의 상승이나 하강을 가져온 지진이나 용암 분출 등의 지구조운동은 하천이나 바다가 없는 내륙 깊숙한 곳에 단구 지형을 만들기도 한다. 따라서 단구의 종류는 지형을 만든 주요 성인에 따라 충적단구(alluvial terrace 또는 fill terrace), 유스타틱단구(eustatic terrace), 침식단구(cut terrace 또는 strath terrace) 및 구조단구(structural terrace)로 나누어 볼 수 있다. 이 중에서 충적단구는 앞 장에서 설명한 범람원의 퇴적과 침식이 계속되며 만들어진 전형적인 하안단구를 가리킨다.

하천은 범람원을 만드는 퇴적운동과 범람원에 대한 하방침식이라는 두 단계 과정으로 충적단구 지형을 만든다. 퇴적운동을 통해 범람원을 만든 하천이 만들어 놓은 범람원을 침식하는 것은 전술한 바대로 하천의 운동에너지가 변하기 때문이다. 강수량을 비롯해 하천에 흘러 들어오는 입수량에 변화가 없다면, 하천의 운동에너지가 크게 늘어나 침식을 일으켜 단구를 만든다는 것은 물의 흐름이 빨라졌다는 뜻이다. 수량 변화 없이 일어난 유속의 증가는 유로의 기울기, 즉 하상 경사도가 변화했기 때문에 일어난다. 하상 경사도가 커지면 하천의 침식에너지가 커져서 하천은 퇴적운동 대신 범람원을 침식하게 된다. 그 결과 하상 고도는 점점 낮아지고, 낮아진 고도에서 이루어지는 하천의 사행운동은 측방침식을 일으켜 낮은 고도에 새 하곡을 만들어나가게 되어, 결국 단구 지형이 만들어진다.

이러한 과정이 반복되면 하천 유역에는 시기를 달리하는 여러 단위의 단구 지형이 일정한 높이를 따라 만들어질 수 있다. 만약 모든 조건이 일정하다면, 충적단구는 시간의 흐름에 따라 높은 고도에서 낮은 고도로 차례차례 만들어져, 이상적으로는 하곡의 단면에 그야말로 계단 같은 지형이 만들어질 수도 있다. 따라서 단구의 상대비고는 단구 상면을 구성하는 퇴적층 및 그 속에 포함된 고고자료의 상대 연대를 추정할 수 있는 단서가 될 수 있다.

단구의 성인과 상관없이, 단구가 만들어진 다음에 일어난 하천 활동이 지형을 변형시키는 일은 흔히 일어난다. 우리나라에서는 산지가 많아 하곡의 폭이 대체로 좁을 수밖에 없기 때문에 지형 형성 이후 침식을 겪고난 다음에 원래의 지형이 크게 달라지지 않은 채 남아 있는 경우는 매우 드물다. 즉, 큰 강을 따라 전형적인 충적단구 지형이 잘 발달한 곳은 거의 없기 때문에, 야외조사에서 단구 지형의 확인과 지형층서의 설정은 많은 경우 일정한 고도를 따라 나타나는 하상퇴적물의 분포를 기준으로 이루어지고 있다.

그런데 우리나라에서 가장 현저한 단구 지형은 동해안에서 볼 수 있다. 유명한 관광지가 된 강릉시 정동진에서 직선거리로 약 4km 남쪽에 있는 금진항 사이에는 바다에서 수십 미터 솟구쳐 오른 가파른 절벽 위에 평탄면이 넓게 펼쳐져 있다. 지금은 개발로 지형의 원형이 크게 훼손되었지만, 특히 금진항 남쪽의 망상해수욕장에서 멀리 바라본 모습은 교과서에서 볼 수 있는 전형적 단구의 모습이다(그림 34). 천연기념물로 지정된 이 해안단구 상면은 흔히 정동진면이라고 불리며, 그 고도를 감안할 때 플라이스토세 전기에 해수면 변동으로 만들어졌을 것이라는 가설이 수십 년 동안 유력하게 통용되어 왔다. 그렇기 때문에 1984년 정동진면에서 동해안에서는 처음으로 발견된 구석기 유적인 심곡리 유적을 발견했을 때, 그 연대가 플라이스토세 전기까지 올라가지 않을까 하는 기대감이 컸다.

그러나 2000년대 들어 정동진면의 여러 지점에서 퇴적층

[그림 34] 동해안 정동진 남쪽에 발달한 해안단구. 이 독특한 지형은 해수면의 수위 변화 때문이 아니라 육괴의 상승으로 만들어졌을 가능성이 크다고 보인다. 위: 지모가 개발로 훼손되기 전인 1984년 6월 남쪽의 망상해수욕장에서 본 원경. 가운데: 구글어스 이미지(2000. 11. 5.). 바닷가를 따라 발달한 급경사면이 음영으로 나타나 있다. 아래: 하천 침식으로 개석된 정동진면(2004. 5.).

의 구성을 자세히 조사하고 〈그림 1〉의 단면에서 실시한 연대
측정 결과, 정동진면은 원래 해안평야로 발달한 범람원 지형이
10여만 년 전에 일어난 지구조운동으로 급격하게 상승해 만들
어졌을 것이라는 결과가 얻어졌다. 즉 정동진 일대의 단구는 유
스타틱단구가 아니라 구조단구일 가능성이 크다고 보인다.

　　구조단구의 또 다른 사례는 임진강과 한탄강을 따라서 볼
수 있다. 이곳에서는 강변을 따라 솟아오른 현무암 절벽 위에
넓은 평탄면이 펼쳐져 있어, 전형적인 하안단구 지형이 발달해
있다(그림 35). 이곳의 단구 지형은 물론 하천 운동으로 용암대
지 위에 두터운 퇴적층이 쌓인 다음 용암대지가 하천의 침식을
받아 절벽이 만들어져 형성되었다. 그렇지만, 단구 지형을 만든
가장 중요하며 기본적인 이유는 용암 분출이라는 지구조운동
이 하곡을 용암으로 채움으로써 용암대지가 형성되었다는 점

[그림 35] 용암대지 형성과 하천 침식으로 발달한 한탄강 유역의 단구 지형. 단구 발달의 일
차적 원인이 용암 분출이라는 지구조운동이기 때문에, 구조단구라 부를 수 있다.

이다. 즉, 이곳의 지형은 구조적으로 결정된 용암대지 외곽을 따라 하천의 침식활동이 집중적으로 이루어져 만들어졌다. 따라서 단구 형성의 근본원인은 지구조운동이기 때문에 역시 구조단구라고 할 수 있다.

성인을 볼 때 구조단구라고 부를 수 있는 정동진이나 임진강 유역의 단구 지형에서 상부의 평탄면은 모두 하천 퇴적물로 두텁게 덮여 있으며 또 하천 침식으로 개석되어 있다. 특히 정동진면은 배후산지에서 바다를 향해 여러 갈래의 하천 침식곡이 잘 발달해 있다. 이런 현상은 단구를 몇 가지 성인에 따라 나누어볼 수 있지만, 실제 지형은 여러 영력이 작용함으로써 오늘에 이르게 된 것임을 보여준다. 이 두 곳의 사례는 모두 지구조운동으로 큰 골격이 갖추어진 다음 하천운동으로 그 모습이 다듬어진 것이라고 할 수 있다.

2. 단구 지형과 해수면 변화

충적단구가 만들어지는 상황과는 반대로, 만약 하상의 경사가 보다 완만해지면 유속이 떨어져 운동에너지가 줄어들어 하중은 운반되지 않고 퇴적이 이루어진다. 그에 따라 하상의 고도도 점점 높아지며, 〈그림 15〉의 사례에서처럼 새로운 퇴적물이 이미 만들어진 범람원과 단구 지형을 덮어버리게 된다. 특히 하상의 기울기가 급격하게 완만해져 구 지형이 두터운 퇴적물로 빠르게 덮인다면, 하천 주변의 산지는 정상에서 평지까지의 단면이 부드러운 요철 곡선으로 이어지지 않고 마치 바가지를 뒤집은 모습과도 같이 된다. 〈그림 15〉의 금강 하류에 연한 구릉지에서 관찰되는 그러한 모습은 부여 일대 백마강의 하상이 상대적으로 그리 멀지 않은 과거에 급격히 높아졌음을 시사해준다. 백제 사비도성의 조성과 운영에 대한 설명에서는 이러한 지형의 특징에 대해서도 고려해볼 필요가 있을 것이다.

　수량의 변화가 없을 때 단구의 발달을 가져오거나 기존 지형을 매적하는 주요한 요인으로 작용하는 하상 경사도는 하천 기원지의 고도를 길이로 나눈 값이라고 할 수 있다. 이때 하천의 길이는 하구에서 가장 멀리 떨어진 최상류 기원지에서 하구까지의 거리라고 할 수 있는데, 유로의 경사도 변화는 하천이 바다로 들어가는 기준고도인 하구의 고도, 즉 해수면이 낮아지거나 높아졌을 때 주로 일어난다. 즉, 하상 경사도의 증감은 해수면의 수위 변동에 큰 영향을 받는다. 그런 변동은 예를 들어 빙하시대의 도래와 같은 범지구적 차원에 걸쳐서도 일어날 수 있고 확실히 알 수 없는 어떤 이유 때문에 국지적으로 발생하기도 한다.

　그런데 해수면이 낮아지면 하상 경사도가 더 높아져 침식운동이 더 활발해진다는 공식은 성립하지 않는다. 해수면이 같은 정도로 낮아지거나 높아진다고 모든 곳에서 하천운동이 동일한 양상으로 변하는 것은 아니다. 이것은 왜냐하면 해수면이 높아지거나 낮아지면 단지 하구의 고도만이 바뀌는 것이 아니라, 하천의 종점인 하구의 위치도 달라지기 때문이다. 이때 하구의 위치 변화는 해저지형과 관계가 깊은데, 이것은 서해안 대천해수욕장과 동해안 경포해수욕장에서 썰물 때 드러나는 땅의 면적이 크게 다른 것과 같은 이치이다. 즉, 해수면의 수위가 동일한 이유 때문에 동일한 정도로 바뀌더라도 하구의 평면상 위치는 해저지형에 따라 거의 변하지 않거나 혹은 크게 달라질 수 있다.

해저지형이 급경사를 이루는 동해안에서는 해수면 고도가 상당히 낮아져도 하구가 그리 멀리 물러나지 않는다. 따라서 하천의 길이가 늘어난 정도보다 상하류 사이의 고도차가 상대적으로 매우 커지므로 하천은 종래보다 훨씬 급하게 경사를 이루며 흐르게 되고, 상류에서는 침식이 가속적으로 일어나게 되어 결국 침식운동이 활발해질 것이다. 그러한 조건에서는 단구 지형이 보다 빠르고 현저히 만들어질 수 있다. 예를 들어 동해안을 따라서는 진전사지가 있는 양양군 둔전골처럼 태백산맥에서 발원한 소하천이 흐르는 좁은 하곡에 고도를 달리하는 여러 단위의 단구 지형이 만들어진 것을 잘 볼 수 있는데, 각 단위 사

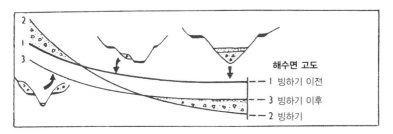

[그림 36] 해수면과 하상 경사도 및 하천운동의 변화 사이의 상관관계 개념도. (출전: KB Fig. 36)

이의 시간차는 그리 크지 않을 것이다. 이에 비해 서해로 흐르는 강의 하구는 낮은 수심 때문에 해수면이 조금만 낮아져도 매우 먼 거리를 물러나게 된다. 그에 따라 하천의 길이가 매우 길어지게 되어 하상 경사도는 오히려 크게 낮아지므로, 침식보다 퇴적이 더 활발하게 일어날 수 있다.

〈그림 36〉은 이러한 하상 경사도의 변화와 유수운동의 관계를 개념적으로 설명해주는 모식도이다. 이 그림에서와 같이 해수면 고도 변화에도 불구하고 하천이 같은 거리를 흐른다고 가정했을 때, 만약 1의 상황에서 하천 중류에 충적단구가 만들어진다면 2의 상황에서는 상류에 퇴적이 일어나고 하류에서는 전단계 퇴적물의 침식으로 단구가 만들어진다. 다시 3의 상황에서는 상류에 있는 전단계 퇴적물이 침식되며 단구가 만들어지고 퇴적은 하류에서 일어난다.

고고학 연구에서 해수면 변화에 관심을 가져야 하는 이유는 해수면의 높이에 따라 해안선이 전진하거나 후퇴하며 인간이 활동할 수 있는 마른 땅의 범위가 달라지기 때문이다. 이때 보다 중요하며 또 잊지 말아야 하는 점은 해수면의 수위 변화는 바다로 흐르는 모든 하천의 분포, 유역 면적, 유수 에너지 등 하천 활동과 관계된 모든 점에 변화를 가져온다는 사실이다. 그러한 변화는 단순히 공간적 범위가 늘어나고 줄어드는 것보다도 인간 활동에 훨씬 복잡하고 큰 영향을 미치며, 유적의 보존과 분포에도 직접적인 영향을 미친다. 내륙 중앙부에서 해안선까지의 종심이 짧은 우리나라 같은 곳에서는 내륙에 있는 유적에 대한 지질고고학 연구에서도 유적 형성과 변형에 대한 광역적, 거시적 판단을 위해 해수면의 수위 변화와 관련된 하계망과 하천 운동의 변화를 감안해야 한다.

3. 충적단구와 고고자료

해수면 수위 변동이나 하천의 유수량과 운반하중의 증감이 반복되면, 유로의 하상 고도가 그에 맞추어 계속 변하고 따라서 하곡 지형도 복잡하게 변한다. 따라서 일정한 고도를 따라 차례대로 단구 지형이 만들어지는 이상적인 경우는 매우 드물게만 볼 수 있다. 이미 말한 바대로, 후대의 침식은 이미 만들어진 지형을 변모시키고 소멸시키며 후대의 퇴적운동은 그것을 감출 수도 있다. 뒤덮여진 상태의 단구는 다시 침식을 받아 노출될 수도 있고, 그런 과정에서 과거의 단구와 새로 만들어진 단구가 뒤섞이게 되는 등, 실제로는 여러 복잡한 상황이 발생한다(그림 37).

〈그림 37〉과 같은 단구 지형의 발달과정에 인간이 해당 지역에서 활동했다면, 과정의 각 단계마다 남겨진 고고자료는 복잡한 퇴적과 재퇴적, 침식 과정을 겪고 오늘에 이르렀을 것이다. 그렇기 때문에 동일한 층 내에도 시기를 달리하는 자료가 섞여 있거나 동일 시기의 자료가 다른 시기의 단구 속에 들어가 있을 수도 있다. 〈그림 38〉에서 보는 것처럼 자료의 맥락이 크게 바뀌지 않는다고 해도, 이미 강조한 바대로 하천운동은 범람원의 퇴적물 구성과 층서를 끊임없이 바꾸어놓는다. 그러므로 범람원에서의 연구에서는 고고자료의 퇴적 맥락을 파악하는 것이 중요한 문제로 대두된다.

〈그림 37〉이 보여주듯, 같은 시기의 하안단구는 하상으로부터 일정한 비고를 따라 정연하게 만들어질 수 있다. 따라서 고도를 달리하는 단구 상면이 여러 개 존재한다면 높이를 기준으로 같은 시기의 단위로 묶어 구분한 다음, 특정한 지질학적 사건의 이름을 붙이거나 현재의 하상에서 비고가 높은 순서대로 일련번호를 붙임으로써 넓은 지역에 걸쳐 층서를 대비해볼

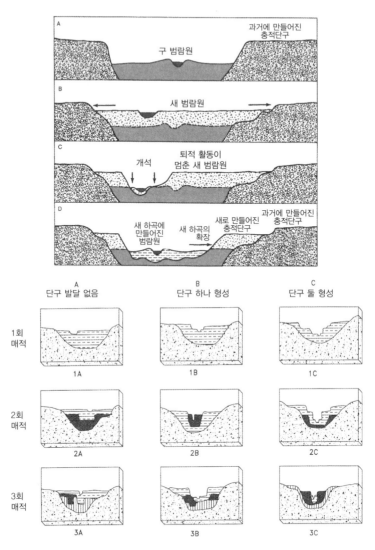

[그림 37] 하천운동으로 인한 단구 발달과정 및 단구 유형 모식도. 위: 이상적인 충적단구 형성 과정. 아래: 복잡한 충적단구 형성의 사례. 하곡이 메워지고 깎이는 과정이 어떻게 일어나는가에 따라 단구지형과 층서는 상이한 모습이 된다. (출전: G&M Fig. 5.13 및 R&H Fig. 3.5)

X = 유물

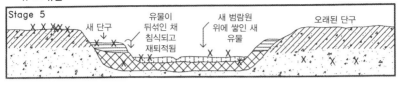

Stage 5 새 단구 유물이 뒤섞인 채 침식되고 재퇴적됨 새 범람원 위에 쌓인 새 유물 오래된 단구

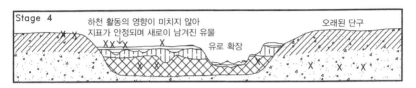

Stage 4 하천 활동의 영향이 미치지 않아 지표가 안정되며 새로이 남겨진 유물 유로 확장 오래된 단구

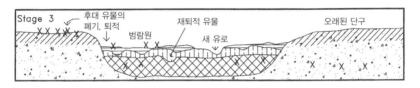

Stage 3 후대 유물의 폐기, 퇴적 범람원 재퇴적 유물 새 유로 오래된 단구

Stage 2 망상 하천 활발한 하천운동으로 쌓인 쇄설물 재퇴적 유물 오래된 단구

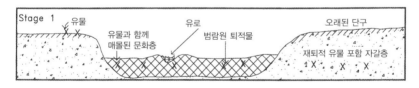

Stage 1 유물 유물과 함께 매몰된 문화층 유로 범람원 퇴적물 오래된 단구 재퇴적 유물 포함 자갈층

[그림 38] 충적단구 형성과정에서 일어날 수 있는 고고자료의 이동과 유적형성과정. (출전: R&H Fig. 3.6)

수 있다. 지형단위를 기준으로 만든 층서체계인 지형층서는 이렇게 단구의 편년을 위한 도구로서 알프스 북부 산록지대에서

처음 시작되었다. 적절하게 수립한 단구의 지형층서는 단구 상면의 위 혹은 그 속에서 발견되는 고고자료의 나이를 현 하상과의 상대적 시간관계 속에서 파악할 수 있게 해줌으로써 상대편년에 유용하게 쓰일 수 있다.

그렇지만, 단구에 대한 지형층서 수립이나 이용에 있어서는 몇 가지 문제가 있을 수 있다. 이미 말한 바대로 지형은 후대의 침식이나 퇴적으로 변형될 수 있으므로 단구 상면의 상대적 위치나 부분적으로 파악된 퇴적상을 층서 설정의 기준으로 삼을 때에는 잘못된 결론을 내릴 수 있다. 또한 일련의 지형단위가 고도에서 정연하게 차이를 보이며 발달했을 때, 고도의 높이에 따른 순서와 지형단위가 만들어진 순서는 관계가 없을 수도 있음을 인식해야 한다. 최초의 체계적 단구층서로서 1970년대까지 교과서에 자주 인용되던 알프스지형층서(Alpine Sequence)는 바로 이 점을 감안하지 않고 단구의 고도에 따른 순서를 시간적 순서라고 보았기 때문에 지금은 그 이름을 듣기 어렵게 된 것이다.

우리나라에서는 하나의 하천을 따라 약간 떨어진 두 지점 사이에서 하곡의 규모나 유속과 유량의 변화 등으로 퇴적과 침식의 양상 및 그로 인한 단구 발달 양상이 매우 다르게 나타나는 경우가 종종 있다. 더구나 한강과 금강처럼 현재 동일한 수계망에 속하지 않는 하천 유역 사이에서 단구형성과정은 동일할 수 없으며, 서해와 동해로 흐르는 하천 사이에서는 더욱 그럴 수 없다. 그럼에도 불구하고, 제4기 지질 연구나 구석기 유적의 편년과 관련되어, 하상과의 고도 차이를 기준으로 설정한 '제2단구'와도 같은 단위명칭을 전국각지에 일률적으로 적용해 관련 지형이나 퇴적층의 상대연대와 심지어 절대연대까지도 평가하는 경우를 보게 된다. 이러한 평가는 지형층서의 기본원칙을 오해하고 있거나 무시하고 있기 때문에 잘못된 것이다.

제8장

바람과 해안 환경

1. 풍성퇴적층

앞에서 말한 바대로, 침식영력이자 퇴적영력으로서의 바람이 끼치는 영향은 짧은 시간 동안에는 인지하기 어렵다. 그렇지만 바람도 지형을 만들고 변화시키는 중요한 영력이다. 지상에 놓여 있는 다양한 크기의 퇴적물 입자는 바람의 강도에 따라 〈그림 39〉에서 보는 바와 같은 방식으로 이동한다. 바람에 의한 침식은 〈그림 39〉의 위에서 보는 것처럼 지상 가까이에서 바람의 힘으로 물질이 움직일 때 암반이나 퇴적층 또는 건축물과 부딪침에 따라 일어난다. 따라서 바람의 침식작용은 통상적으로 비교적 좁은 범위에서 작용한다고 할 수 있다. 하지만 퇴적영력으로서 바람은 매우 넓은 범위에 걸쳐 균질적인 퇴적층을 만들 수 있다. 특히 바람이 실어 나르는 고운 입자의 물질은 높은 고도에서 편서풍이나 제트기류를 타고 대륙과 대양을 건너 지구 반대편까지 날아가 쌓이기도 한다. 이렇게 심지어 대륙 단위로 살펴볼 필요가 있을 정도로 넓은 범위에 걸쳐 바람이 만들어 놓은 풍성퇴적층(eolian deposit)이 뢰스(loess), 즉 황토(黃土)이다.

황토 퇴적층은 건조한 기후조건하에서 퇴적물을 공급하는 기원지로부터 바람이 연중 상시적으로 일정하게 부는 조건에서 쌓이게 된다. 그러한 바람에 의한 분급작용으로 세계 어느

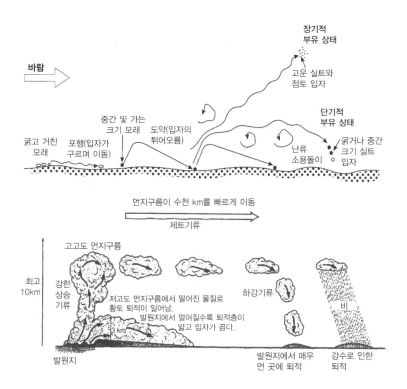

바람

장기적
부유 상태

고운 실트와
점토 입자

중간 및 가는
크기 모래

도약(입자의
튀어오름)

단기적
부유 상태

굵고 거친
모래

포행(입자가
구르며 이동)

난류
소용돌이

굵거나 중간
크기 실트
입자

먼지구름이 수천 km를 빠르게 이동

제트기류

고고도 먼지구름

최고
10km

강한
상승
기류

저고도 먼지구름에서 떨어진 물질로
황토 퇴적이 일어남.

하강기류

비

발원지에서 멀어질수록 퇴적층이
얇고 입자가 곱다.

3 km

발원지

발원지에서 매우
먼 곳에 퇴적

강수로 인한
퇴적

[그림 39] 바람에 의한 퇴적물 운반 모식도는 바람을 타고 먼 거리를 이동해 쌓인 퇴적물이 황토(loess) 퇴적층을 만드는 과정을 설명하고 있다. (출전: G&M Fig. 6.3, 6.18)

곳에서도 황토는 그 85% 이상이 0.005~0.5mm 크기의 잘 연마된 입자로 구성되어 있다. 이렇게 퇴적층이 매우 동질적이기 때문에 황토 자체 내에서 층서는 약하게 발달하며, 퇴적층은 수직적으로 잘 파열되어 약간의 침식에도 90도 가까운 절벽이 발달하는 특징을 보여준다.

황토는 잘 알려져 있듯 중국 북부에 현저하게 발달해 있으며, 유럽과 북미대륙 중서부, 남미 파타고니아 일대 및 뉴질랜드에도 광범위하게 발달해 있다. 유럽에서 황토는 프랑스에서 독일과 폴란드를 거쳐 우크라이나에 이르는 넓은 지역에 걸쳐 쌓여 있는데, 이것은 빙하시대에 육지로 노출된 대서양 대륙붕과 흑해로부터 날아온 물질이 쌓인 것이다. 뉴질랜드의 황토 퇴적 역시 현재는 바다 속에 가라앉은 대륙붕에서 기원한 물질로부터 만들어졌다. 북미에서는 빙하시대에 대륙빙하 남단 주변부에 노출된 황무지로부터 바람에 날린 실트가 프레리 지대라 부르는 넓은 지역에 두텁게 쌓였다. 즉, 유럽과 미국의 황토층은 세계의 곡창지대를 이루고 있다.

중국에서 황토는 황하 유역을 중심으로 한 북부지역에 잘 발달했는데, 내몽골과 깐수(甘肅)성에서 시작해 남쪽으로 대략 친링(秦嶺)산맥과 산둥(山東)반도를 잇는 선까지 분포하고 있다. 곳에 따라 그 두께가 수백m 이상에 달하기도 하는 이 풍성퇴적층은 수백만 년 전부터 쌓였으며, 퇴적물은 몽골 남부의 고비사막에서 기원하였다. 북중국의 황토대지는 장기간에 걸쳐 침식을 받은 결과 다양한 형태의 지형과 지모가 곳곳에 만들어졌는데, 중국 북부지역의 환경과 생태를 이해하기 위해서는 그러한 황토 퇴적층의 성격과 분포 및 다양한 지형을 알 필요가 있다(그림 40).

그런데 한반도는 중국에 가깝지만 황토 퇴적층이 발달하

지 않았다. 한반도가 중국 동쪽에 있기 때문에 황토 퇴적층은 서북풍이 연중 우세할 때 만들어질 수 있을 텐데, 설령 늦가을에서 봄까지 서북풍이나 북풍을 타고 퇴적물이 날아와 쌓였더라도 여름철 동남풍을 타고 오는 장마와 계절적 집중호우로 그러한 퇴적물이 씻겨 내려가는 일이 반복되었을 것이다. 따라서 황토 퇴적층은 적어도 우리나라에서는 고고학 및 관련 분야에서 중요한 관심거리가 아니다.

그러나 플라이스토세 말기의 고토양 내에서는 그리 두텁지는 않지만 풍성퇴적층으로 보이는 특징적 퇴적층을 찾을 수 있다. 이 풍성퇴적층은 서해안에서 동해안에 이르기까지, 또 임진강 유역에서 남해안에 이르기까지 전국 각지에서 발견된다. 이 층

[그림 40] 중국 북부에 플라이오세부터 본격적으로 쌓인 황토가 장기간 침식되며 독특한 지형과 지모가 만들어졌다. 지명에는 그러한 지형과 지모를 가리키는 塬, 梁, 峁, 橋, 沟, 澗 등이 붙는 경우가 많다. 사진은 위로부터 저명한 황토지점인 董志塬(甘肅), 黃土梁(山西 楡林), 黃土峁(甘肅 白銀)이다. (출전: 위키피디아)

은 대체로 플라이스토세말기 퇴적층 최상부에 놓여 있는데, 두께는 수 cm에서 10여 cm 정도로 얇고, 색조는 황색조로서 그 위아래의 적색 고토양과 확연히 구분된다. 이 층을 풍성퇴적층으로 볼 수 있는 것은 색조를 비롯해 육안으로 판단되는 동질성 이외에도 1)분포가 전국에 걸쳐 있으며, 2)주로 실트 크기 입자의 퇴적물로 구성되었고, 3)무엇보다도 특히 그 내부에서 흔히 AT라고 약칭되는 아이라-탄자와(Aira-Tanzawa; 始良-丹澤) 화산재가 발견되기 때문이다(그림 41).

AT는 현재도 수시로 분화하고 있는 일본 큐슈(九州) 남단의 사쿠라지마(櫻島) 화산이 있는 바로 그곳에 있던 초대형 화산의 대폭발에서 기원한 약 3만 년 전의 화산재이다. 이 화산재는 1970년대부터 일본에서 제4기 말의 표지층(marker bed)으로 널리 인식되어 왔는데, 산둥반도, 한반도, 연해주 및 일본 전역에 걸쳐 발견된다. AT가 포함되어 있는 층이 유수나 중력 작용으로 만들어졌다면 동질적 층이 전국적으로 분포한다는 것은 기대할 수 없으며, 더욱이 바람을 타고 확산된 화산재가 들어 있을 수 없다.

이외에도 우리나라에서 볼 수 있는 또 다른 풍성퇴적층으로는 사구가 있다. 사구는 모래 공급이 가능한 바닷가나 호안 혹은 강안에서 탁월풍에 의해 모래가 움직여 쌓여 만들어진다. 모래가 바람에 의해 끊임없이 움직이기 때문에 사구의 위

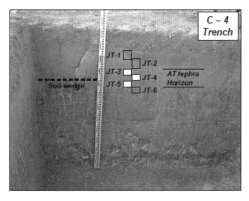
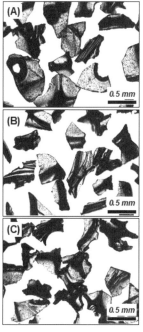

[그림 41] 〈그림 34〉의 아래 사진을 촬영한 지점 가까이에 노출된 정동진면 상부 퇴적층 단면 및 퇴적층 내에서 발견된 AT.

치와 형태도 끊임없이 바뀌며, 사구의 내부는 그렇게 끊임없이 변하는 바람의 방향과 운동양식을 보여주는 층서구조를 보여준다. 전형적인 사구는 평면이 초생달 모습을 하고 있는 바르한(Barkhan) 사구로서, 바람을 받는 면은 30도 내외, 그 반대쪽 면은 45도 이상의 급경사를 이룬다.

우리나라의 대표적 사구지대인 서해안 안면도 신두리에 분포하는 사구는 해안모래가 이동해 쌓인 것인데, 사구 내부와 주변에서 고고자료가 보고된 바 없다. 그러나 동해안의 양양 오산리 신석기시대 유적은 사구 지형에 유적이 들어선 드문 사례이다. 지금은 개발로 그 흔적을 찾아볼 수 없지만, 1990년대 초까지도 오산리 유적에서 해안을 따라 북쪽으로 송전리와 가평리를 거쳐 양양 남대천에 이르는 약 2.5km에 걸친 해안에서는 내륙으로 6, 7백m 정도 떨어진 곳까지 식생으로 덮여 움직임이 멈춘 사구가 분포하고 있었으며, 사구 주변에서는 신석기시대에서 초기철기시대에 이르는 유물을 찾을 수 있었다.

오산리 일대의 사구에서 볼 수 있듯, 바람이 약해지거나 풍향이 바뀌는 등의 이유로 모래의 움직임이 멈추면 사구 표면에는 식생이 자라고 토양이 발달해 인간이 그 위에서 활동할 수 있는 조건이 갖추어진다. 그런 표면에 남겨진 유물과 유구를 다시 모래가 덮으면 사구 내에 유적이 만들어진다. 이때 유적이 모래로 덮이고 다시 바로 사구 발달이 중지되면 오산리에서 보듯 사구 형태도 유지되고 그 속에서는 고고자료가 층서를 이룬 상태로 보존될 수도 있다(그림 42).

그러나 유적이 만들어진 뒤에도 사구 발달이 멈추지 않는다면, 바람의 진행방향으로 모래가 계속 움직여나가며 모래가 덮고 있던 유구가 깨지며 유물도 보존되지 못한 채 흩어지게 된다. 그런 경우에는 사구 표면이나 그 주변의 지표에 아무리 많은 자료가 흩어져 있어도 의미 있는 문화층이나 유구를 발견할 가능성은 매우 낮다. 몽골이나 중앙아시아에서 지표에 뛰어난

[그림 42] 양양 오산리 유적과 도로 확장구간에서 노출된 퇴적 단면.

유물이 많이 드러난 곳에서도 막상 발굴을 해보면 그 성과가 보잘 것 없는 경우가 드물지 않은 것은 이러한 이유 때문이다.

　사구에서 이루어지는 유적 형성과정의 특수성을 감안한다면, 사구 유적의 지질고고학 연구에서는 사구 형성기, 사구 발달이 멈추고 인간 점유와 유적 형성이 이루어진 시기 및 유적 형성 이후 현재에 이르기까지의 사구의 발달과정 파악이 관건이 된다. 그러한 연구에서는 사구의 분포 패턴과 층리의 분석에 서부터 시작해 모래의 기원지, 이동방향과 이동방식을 복원함 으로써 유적 형성 전후의 환경을 설명할 수 있어야 한다.

2. 해안 환경

오산리 일대에서 사구는 동풍의 힘으로 해안 모래가 이동해 만 들어졌다. 그런데 사구를 만든 해안 모래는 해안을 따라 흐르 는 해류가 만든 백사장, 즉 해안사주(coastal sand bar)에 쌓인 것이다. 해안사주는 동해안의 중요한 해안지형으로서, 길게는 7~8km에 이르도록 이어진다. 오산리 부근에서 사주는 북쪽으 로 낙산사에 이르기까지 약 5km 거리에 걸쳐 발달했다.

동해안의 사주에서는 유적이 종종 발견된다. 이것은 왜냐 하면 해안사주는 해양과 육지의 자원에 쉽게 접근할 수 있는 유리한 지리조건을 갖춘 곳이기 때문이다. 즉, 유적이 발견되는 사주는 계속된 모래 퇴적이나 해수면 강하로 고도가 해수면보 다 안정적으로 높아진 곳으로서, 고성 문암리나 강릉 송정리 혹 은 안인진리를 비롯해 신석기시대에서 역사시대에 이르는 각 종 유적이 남겨진 해안사주는 모두 그러한 입지조건을 갖추고 있다. 또한 해안사주와 더불어 속초 영랑호나 강릉 경포호를 비롯한 크고 작은 석호(潟湖; lagoon)가 만들어지며, 해안사주 주변에 바다와 호수 및 하천 환경이 어우러진 다양한 생태적소가 갖추어지게 되었다. 그런 곳은 당연히 인간 거주에 유리한 생계 자원의 제공처인 만큼, 사주와 사주가 만든 석호 가장자리에는 많은 유적이 남겨지게 되었다. 오산리 유적도 지금은 간척사업으로 원 모습이 사라진 쌍호라는 석호 주변의 사구 지대에 만들어진 것이다.

해안사주와 그 일대의 지형은 해안을 따라 흐르는 해류의 방향과 속도에 따라 그 모습이 달라진다. 따라서 해안사주에서의 지질고고학 연구는 사주의 형성과정을 복원하고 그 과정에서 일어난 일대의 지형 환경 변화를 파악해야 한다. 해안사주의 연구에서도 다른 곳에서와 마찬가지로 퇴적물과 토양에 대한 분석과 함께 지형변화과정을 말해줄 수 있는 단위지형과 층서 관계 파악이 필요하다. 그런데 해안지형과 퇴적물은 파도에 큰 영향을 받기 마련인데, 과거부터 현재에 이르기까지 무시로 변하는 파도의 운동이 사주 발달에 끼친 영향, 특히 퇴적물 구성에 어떤 영향을 끼쳤는지 파악한다는 것은 불가능하다. 따라서 퇴적물과 토양 분석을 통한 퇴적환경 분석은 제한적인 의미만을 갖게 되며, 해안사주 시료의 조성 분석 결과는 단지 참고자료로서만 다루어야 하는 경우가 종종 있다. 예를 들어, 필자의 경우 용유도 신석기시대 야외노지 유적을 조사하며 유적이 들어선 사주 퇴적물의 기계적 특성을 분석하자, 퇴적물의 구성은 전혀 예상치 않게도 큰 하천 상류의 하상층과 유사하다는 결과를 얻은 경험이 있다.

한편, 대체로 밋밋한 해안선과 사주로 구성된 동해안에 비해 서해안과 서남해안은 복잡한 해안선과 조간대가 넓게 발달했다는 특징이 있다. 썰물 때 드러나는 드넓은 개펄은 훌륭한 동물성 단백질의 공급처이므로, 선사시대 이래 바닷가에는 많은 유적이 만들어졌을 것이다. 그러나 동해안에서는 해안 가까이에서 많은 유적이 발견되지만, 서해안이나 서남해안에서는 유적이 상대적으로 드물다. 해안유적의 분포에서 이러한 차이가 있는 가장 중요한 이유는 아마도 해안지형의 특징과 관계될 것이다. 동해는 수심이 깊고 해저면 경사가 급하기 때문에 해수면이 변화해도 해안선의 평면적 위치는 그리 변하지 않지만, 수심이 낮고 해저 경사도가 완만한 서해안과 서남해안은 해수면이 조금만 상승해도 해안선이 내륙 깊이 들어오며 그 반대상황에서는 해안선이 멀리 물러난다. 따라서 해수면이 현재보다 높았던 시기에 바닷가에 형성된 유적은 내륙 깊은 곳에 위치하겠지만 해수면이 낮았던 시기의 유적은 해수면 상승 과정에서 파괴되어 사라졌거나 개펄에 뒤덮여 있을 것이다. 이러한 가정은 후빙기에 들어 해수면 변화에 가장 민감하게 영향을 받았을 것으로 추정되는 영산강 유역에서는 선사시대 유적, 특히 신석기

[그림 43] 부산 다대포에서는 고 해안선의 흔적(자갈 무더기)을 따라 신석기시대 야외노지 유적이 발견되었다.

시대 유적이 극히 드물다는 사정을 감안한다면 어느 정도 타당하지 않을까 여겨진다.

해수면 상승으로 유적이 개펄에 뒤덮여 있다면, 유적 확인은 사실상 불가능하다. 그러나 유적이 해안에서 해저로 이어지는 양산 신암리 신석기시대 유적은 해저에도 유적이 있을 것임을 말해준다. 한편, 부산 다대포 패총은 해안에서 떨어져 있지만 원래는 해안에 연해 만들어진 유적인데, 해안선이 보다 높은 고도에서 차츰차츰 낮은 곳으로 이동한 흔적이 발견되었다(그림 43).

그런데 해수면 변화는 인접한 지역에서 장기적으로는 대체로 같은 경향성을 보이지만, 상승이나 하강의 폭이나 시점은 여러 요인으로 인해 지점마다 다를 수 있으며 심지어 얼마 떨어지지 않은 두 지점에서도 반대방향으로 움직일 수도 있다. 그러므로 해안선의 위치가 시간에 따라 크게 변화했을 가능성이 있는 지역에서의 지질고고학 연구는 유적과 고해안선과의 상호관계를 파악해야 한다. 왜냐하면 이런 곳에서 현재의 지형과 지모는 과거 특정시점과 전혀 딴판일 수 있기 때문이다. 예를 들어, 나주 반남면 일대를 비롯한 서남부 해안지역의 대형 고분들은 구축 당시에 해수면이 현재보다 조금만 더 높았다면 대체로 수로가 아니면 접근할 수 없는 조건의 해안이나 강안에 위치하고 있다. 혹은 남해안을 따라 현재의 해안선보다 높은 고도에서 발견되는 패총 유적들의 경우, 주거유형(settlement pattern)이나 생계경제와 기술을 비롯한 인간행위의 여러 측면을 분석하려면 유적의 상대적 위치와 고도를 비롯한 유적과 당대 해안선 사이의 관계에 대한 판단부터 내려야 할 것이다. 이러한 사례들을 비롯해 해안유적에 대한 공간분석에서는 특히 개별 유적을 뛰어넘는 보다 광역적인 스케일의 공간을 대상으로 관찰과 분석을 실시하는 것이 중요한 문제가 된다.

제9장

지하수와 생물교란

1. 지하수

지하수는 지표에 드러나지 않기 때문에 지형 발달이나 유적의 형성과 보존에 끼치는 영향을 간과하기 쉽다. 그러나 하천에 가까운 충적대지에서 발굴을 하다보면 지하수가 퇴적층이나 고고자료의 상태에 영향을 끼칠 수 있음을 실감하게 될 것이다. 지하수는 이미 형성된 퇴적층과 유물 혹은 유구를 파괴하거나 변형을 가져오는 요인으로서 작용한다. 특히 석회암 지대에서 지하수는 용동을 만들거나 예고 없는 급격한 기반암의 붕락을 일으켜 인간이 거주할 수 있는 조건을 제공해주거나 혹은 파괴하기도 한다. 지하수에 의한 석회암 기반암의 용융으로 유적의 층서는 매우 복잡한 양상으로 만들어질 수 있다. 유네스코가 〈인류의 요람 세계문화유산〉으로 지정한 남아프리카 석회암 지대의 오스트랄로피테쿠스 화석 지점들은 그러한 사례이다(그림 44).

우리나라에서도 석회암 지대에 지하수 작용으로 만들어진 동굴이나 바위그늘에서는 구석기시대부터 여러 시기에 이르는 고고자료가 발견되고 있다. 남아프리카의 〈오스트랄로피테쿠스 세디바〉나 〈호모 날레디〉 화석지점처럼 복잡하지는 않더라도, 모든 석회암 동굴은 잠재적으로 용동 형성, 동굴 지붕의 붕락, 물질의 이동, 외부물질의 유입, 재퇴적, 재용융 등, 수

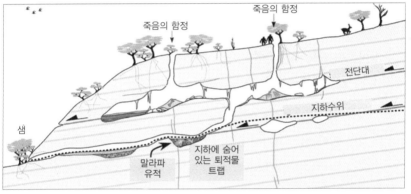

[그림 44] 위: 〈오스트랄로피테쿠스 세디바〉 화석과 그 발견 지점인 말라파 유적의 현재 모습(출전: 위키피디아). 아래: 지하수의 기반암 용융과 유적형성과정에 대한 모식도 (출전: HD).

많은 복잡한 단계를 거쳐 만들어진 것일 수 있다. 따라서 얼핏 단순해 보이는 퇴적층도 사실은 아주 복잡한 과정의 산물일 수 있음에 유의해야 한다. 예를 들어, 구석기 유적으로 알려진 두루봉동굴처럼 특히 수직방향으로 일어난 용융작용으로 만들어진 틈새를 따라 외부로부터 고고자료나 화석을 비롯한 각종 물질이 유입했을 가능성은 동굴 층서 해석에서 항상 경계해야 할 사항이다. 따라서 지하수 작용과 연관된 석회암 동굴의 지질고고학 연구는 동굴 형성의 각 단계를 파악함으로써 동굴의 형태와 구조의 변화과정을 이해하고 각 층서단위가 형성된 시점과 그 과정을 정확히 파악할 수 있어야 한다. 그러한 연구는 우선 퇴적물 분석을 통한 퇴적환경 파악과 연구지역 일대의 하계망과 지하수의 특징과 변화에 대한 이해로부터 시작해야 한다.

한편, 충적대지에서 지하수는 퇴적층에 포함된 유기물을 비롯해 산화작용에 취약한 각종 물질의 보존에 영향을 미친다. 즉, 지하수위가 반복적으로 상승과 하강함에 따라 용존산소에 의한 산화작용이 발생하는 범위도 반복적으로 상하로 넓어지거나 좁아진다. 그러한 과정에서 고고자료를 비롯한 여러 퇴적물질은 산화를 입게 된다. 지하수 수위는 하천 수위나 강수량의 영향을 받는데, 그러한 수위변화는 퇴적단면에서 퇴적단위의 층서관계에 상관없이 나타나는 산화대가 말해준다. 〈그림 45〉에서 보듯, 지하수 변화의 흔적은 반드시 수평적으로 나타나지 않는다. 지하수의 흐름과 분포는 중력과 함께 퇴적물의 성분이나 밀도 혹은 구조나 구성을 비롯한 퇴적층의 특징에 의해서도 영향을 받기 때문에, 그 상면이 대체로 일정하긴 하지만 불규칙하며, 산화작용 역시 수평방향으로만 일어나는 것은 아니다.

[그림 45] 21세기의 지표에서 4-5m 깊은 곳에서 노출된 풍납동 백제 우물 유구. 유구 주변의 퇴적층 단면에는 지하수 운동으로 인한 산화대가 불규칙하게 분포하고 있다.

2. 식물

지하수위의 변동은 동식물의 활동에도 영향을 미친다. 경우에 따라 그러한 변화는 퇴적층에 매우 독특한 2차적 변형을 가져오기도 한다. 〈그림 46〉과 〈그림 47〉은 그러한 사례로서, 〈그림

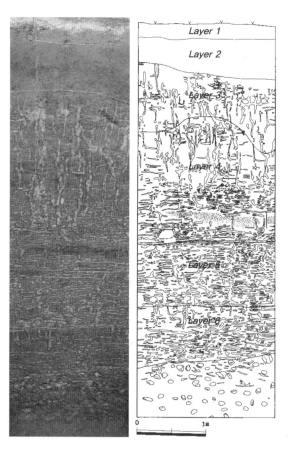

[그림 46] 정동진면 퇴적층 내에서 관찰되는 식물교란 현상(floralturbation)으로 인한 토양 내 2차구조의 발달 현상. 회백색 환원대가 길게 연속해 발달하지 못한 것은 개개 식물의 뿌리가 수평으로 벋어나간 범위와 관계된다. 지하수면을 따라 수평방향으로 벋어나간 뿌리는 지하수위의 변동으로 상하로 이동하며 적갈색 모층에 수평으로 발달한 회백색 띠가 반복되는 것처럼 보이는 구조를 만들었다. 수직방향의 회백색 띠는 수직뿌리 때문에 만들어졌을 것이다. 사진 중앙과 위쪽의 검은 띠는 망간산화물 집적으로 만들어진 2차구조이다.

34)의 정동진면 상부의 퇴적층에서 관찰되는 적갈색과 회백색이라는 대조적 색상의 수평 토양대의 반복 현상을 보여준다. 얼핏 볼 때, 스칸디나비아의 varve 층을 연상시키는 이런 모습은 우리나라 구석기 유적에서 더러 보게 되는데, 산화와 환원작용이 반복해서 영향을 미치는 조건에서 붉은색 띠와 회백색 토양대가 반복해 쌓인 것 같다는 인상을 준다. 그런데 이것은 식물의 뿌리가 만든 2차적 토양구조이다. 식물은 성장과정에서 지하수면에 다다르면 가로로 뿌리를 벋는데, 뿌리가 벋어나감에 따라 회백색의 환원대가 만들어진다. 지하수위가 변화하면 식물 수평뿌리의 위치도 상하로 이동하게 되므로, 환원대가 높이를 달리하며 계속 만들어지게 된다. 그러한 환원대는 붉은색의

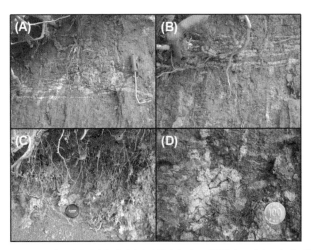

[그림 47] 정동진면 퇴적층 단면에서 관찰할 수 있는 식물뿌리로 인한 토양 내 2차구조.

모토양과 강한 대조를 이루게 되고, 그에 따라 마치 산화와 환원환경이 반복되며 대조적 색상의 토양대가 층을 이루며 쌓인 것처럼 보이는 것이다.

이렇게 퇴적층과 퇴적물은 지하수위의 변화에 의한 직접적 영향과 함께 그로 인한 식물 활동에 의해서도 간접적인 영향을 받는다. 식물뿌리가 토양 색상을 변화시킴으로써 퇴적상을 변형시키는 현상은 정동진 일대뿐만 아니라 전국각지에서 볼 수 있다. 〈그림 48〉은 식물뿌리가 다각형의 기하학적 구조를 만들 수도 있음을 보여주는 모식도로서, 특히 구석기 유적 조사

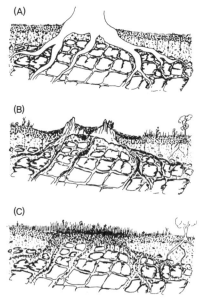

[그림 48] 토양 내에서 나무뿌리로 망상구조 흔적이 만들어지는 3단계 과정의 설명. (출전: SL Fig. 31)

에서 흔히 보게 되는 소위 '토양쐐기(soil-wedge)' 중에는 식물이 만든 2차구조가 매우 많다는 사실에 유념해야 한다. 나아가 지하수위의 변화는 지하에 서식하는 크고 작은 동물들의 활동에도 영향을 미치기 때문에, 지하수는 유적과 퇴적층에 직간접적으로 영향을 미치는 중요한 영력으로 작용한다.

식물뿌리로 인한 퇴적상의 변형, 즉 생물교란작용은 〈그림 5〉나 〈그림 46~48〉에서 보는 것처럼 퇴적층과 토양 내에 가짜구조(pseudomorph)를 만들기도 하며, 기존의 구조를 파괴하거나 왜곡, 변형시키기도 하고, 문화층에 포함된 유물이나 기타 물질을 원래의 자리에서 벗어나게도 만든다. 뿌리가 썩으며 만들어진 공간은 한편으로는 다른 식물이나 동물이 서식하는 조건을 제공해주기도 하고, 또 한편으로는 물질의 이동통로로 사용될 수 있어 그러한 교란 작용을 더욱 부추길 수 있다. 과거에 유적을 피복했던 식생을 파악하는 것은 쉬운 일이 아니다. 그렇지만 현재 내지 가까운 과거에 식생이 유적에 끼친 영향에 대해서는 현재의 환경을 평가함으로써 어느 정도 짐작할 수도 있기 때문에, 발굴이나 퇴적단면을 조사할 때에는 조사지역 일대를 관찰하며 그러한 영향을 생각해볼 필요가 있다.

3. 동물

동물의 활동은 대체로 유적과 지질환경에 식물보다 훨씬 직접적이며 가시적인 흔적을 남긴다(그림 3). 땅속에 서식하는 동물들은 서식처와 이동통로를 만드는 과정에서 유적과 퇴적층을 짧은 시간에 직접 파괴하고 변형시킨다. 그 결과, 많은 유적에서는 동물의 굴 파기(burrowing) 때문에 퇴적층이 파괴되고 역전된 현상을 볼 수 있다(그림 4). 만약 그러한 굴 파기가 장기간 계속 이루어졌다면 굴의 크기, 형태, 색깔 혹은 상하 분포는 퇴적층이나 유적의 형성과정을 복원하는 단서가 될 수도 있다. 그런데 동물에 의한 퇴적층의 변형은 반드시 몸집이 큰 동물에 의해서만 일어나는 것은 아니며, 지렁이, 땅강아지, 굼벵이, 개미, 땅벌 등을 비롯해 땅속에 서식처를 만드는 각종 곤충과 벌레들에 의해서도 일어날 수 있다(그림 49).

동물은 유적의 퇴적층과 구조를 파괴하고 변형시킴으로써 연구에 지장을 줄 뿐만 아니라, 예를 들어 식량을 저장하거나 지상이나 지하 다른 곳에 있던 물질을 굴속으로 운반해 옴으로써 연구자를 혼란스럽게 만들 수도 있다. 즉, 선사시대의 주거지 내부 퇴적층을 파고들어온 개미나 다른 벌레가 물고 온 곡물이나 씨앗을 농경의 증거로 잘못 판단하는 일은 흔히 일어날 수 있다. 우리나라에서 신석기시대 농경과 관련된 논란에서도

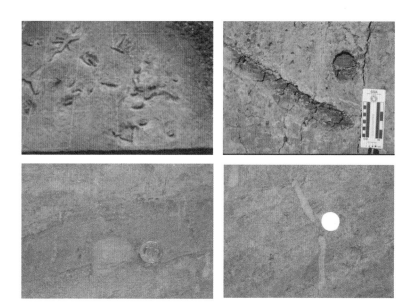

[그림 49] 위: 전곡리 중2-5호 도로 구간 조사에서 노출된 동물의 굴파기 흔적. 왼쪽 사진은 사방 5m 범위 내에 직경 5-10cm 크기의 굴이 일정 깊이의 평면에서 분포하는 모습을 보여주며, 오른쪽 사진은 발굴갱 단면에서 확인된 굴의 모습이다. 아래: 〈그림 45〉의 풍납동 백제우물 유적의 퇴적 단면에서 보이는 흔적. 아마도 땅강아지나 지렁이, 굼벵이 같은 지중생물이 만들었을 것이다.

이러한 문제가 그 중심에 있다. 따라서 발굴을 비롯한 야외조사 과정에서는 동식물의 활동으로 인한 교란 여부를 신중하게 따져보는 것이 필요하다.

　　동물과 마찬가지로 사람들의 행위도 유물을 비롯한 퇴적물을 이동시키고 층서를 교란하며 유구를 파괴하는 결과를 가져오기도 한다. 그러한 파괴는 토목공사나 건축으로 인한 대규모 파괴에서부터 시작해 유적의 존재를 모르는 상태에서 이루어지는 지표형질 변경 행위에 이르기까지 다양한 규모와 맥락에서 발생하고 있다. 그런데 그러한 가시적 교란과 파괴도 문제지만, 우리나라에서 지질고고학과 관련해 관심을 기울여야 하는 인간행위로는 유적 형성 이후 이루어진 경작과 관련된 문제가 있다. 경작지가 된 유적은 쟁기질이나 괭이질 같은 물리적 행위로 파괴되고 교란되려니와, 비료를 주고 잡초를 태울 때마다 퇴적층이나 유구는 화학적 영향을 받을 수 있다. 따라서 예를 들어 유구나 유적의 특정 부위에서 인이나 황 같은 특정 성분의 집적 현상이 과거 인간행위와 관련된다는 결론을 내리기 위해서는, 그런 현상이 후대의 인간행위로 인한 것이 아님을 확인할 필요가 있을 것이다.

4. 토양미세구조

이제까지 살핀 바와도 같이, 고고자료의 층서나 퇴적 맥락은 지질학적 요인이나 생물학적 요인 등의 이유 때문에 시간이 흐르며 처음에 퇴적되던 상태로부터 조금씩 변하게 된다. 퇴적층이나 고고자료에 변화를 가져온 그러한 요인을 밝히고 설명하는 일은 시료에 대한 물리화학적 분석과 같은 전통적인 지질학, 지형학 혹은 생물학적 방법을 통해 이루어져 왔다. 그런데 1980

년대에 토양학에서 도입된 토양미세구조 분석은 관련 연구에 하나의 전기를 제공해 주었다.

토양미세구조 분석이란 토양에 보존되어 있으며 육안으로는 감지할 수 없는 작은 입자나 구조를 비롯한 토양 형태소를 현미경으로 관찰함으로써, 시료가 형성되고 변형된 환경을 판단하는 연구이다. 분석에서는 토양에 포함된 미크론 단위의 혼입물이나 특징적 구조 하나하나를 광학적으로 관찰해 판독하고 확인함으로써 시료가 겪은 여러 변화와 그 원인을 판단하게 된다. 그러한 관찰은 유적이나 문화층의 형성과 변형과정에서 일어났던 여러 사건을 구체적이며 자세하게 알 수 있게 해주며, 따라서 이 방법의 도입은 인간행위의 이해에 지질고고학 연구가 기여할 수 있는 범위를 크게 확장시켜 주었다.

실제 연구에서는 유적이나 문화층의 위치, 시기 혹은 문화적 성격을 비롯해 자료의 고고학적 의미나 중요성과 상관없이 모든 자료를 비교적 단순하며 동일한 절차로써 분석을 실시한다. 즉, 분석은 연구대상 유적이나 문화층에서 떼어낸 적절한 크기의 시료를 박편으로 만들어 현미경으로 관찰함으로써 이루어진다. 현장에서의 시료 채취는 원칙적으로는 쿠비에나상자(Kubiena Box)라는 표준용기를 사용하지만, 그 대용품으로서 적당한 크기의 우유곽, 깡통, 플라스틱 박스나 파이프를 잘라서 사용하면 된다. 즉, 시료 채취에서 중요한 것은 시료나 채

[그림 50] 2009년 전곡리 중2-5호 도로 개설구간 조사 중, 토양미세구조 분석용 시료 채취 작업 광경. 왼쪽이 영국 런던대학(UCL) 고고학연구소의 Richard I. Macphail 교수이다.

취용기의 재질이나 형태, 크기가 아니라 시료의 물리적 구성이 훼손되지 않은 상태로 시료를 통째로 떼어내야 한다는 점이다 (그림 50). 덩어리 시료로부터 만드는 현미경 관찰용 박편은 모든 지구과학 관련 실험실에서 일상적으로 이루어지는 표준방식에 따라 제작한다. 현미경 관찰은 가시광선하에서 일반적 상태를 관찰한 다음 편광하에서 혼입물이나 미세구조 파악을 위한 관찰을 실시하게 된다. 시료 채취에서 박편 관찰에 이르는 이러한 일련의 절차는 결국 암석학적 시료분석 절차와 다를 바 없으며, 다만 시료가 고화되었는가 여부만의 차이가 있을 뿐이다.

토양미세구조 분석은 고도의 정밀기계를 사용하거나 복잡한 준비절차를 필요로 하는 고가의 분석은 아니지만, 충분한 훈련과 경험을 바탕으로 한 연구능력이 뒷받침되지 않으면 성과를 기대하기 어려운 분야이다. 예를 들어, 어느 선사주거지 내부에서 구역에 따라 상이한 활동이 이루어졌다면 해당 생활면의 여러 지점에서 채취한 시료는 그러한 활동의 차이를 말해주는 증거를 갖고 있을 것이므로, 연구자는 인간행위의 다양성과 그 결과물을 현미경 관찰로 판별하고 해석할 수 있는 능력을 길러야 한다. 시료에서 관찰되는 특징은 인간행위와 관계없는 자연적 이유에서 기인할 수도 있으며, 혹은 하나의 사건을 말해주는 증거 위에 후대의 다른 사건이 중첩되어 전혀 다른 모습의 증거가 만들어질 수도 있다. 따라서 토양미세구조 분석은 지질고고학에서도 경험과 노련함을 가장 필요로 하는 연구부문으로서, 국내에서는 아직 믿을 만한 성과가 나오지 못하고 있다.

제10장

임진강 유역의 지질고고학

지질고고학 연구는 다양한 전문 분야의 뒷받침을 반드시 필요로 한다. 따라서 지질고고학이 자리를 잡으려면, 지질학, 지형학, 토양학, 지구물리학, 지구화학, 화분학, 고생물학 등의 여러 유관 분야와 체계적이며 유기적인 협조관계를 유지할 수 있어야 한다. 우리 실정은 그러한 조건이 갖추어지지 못한 형편이라, 관련 연구는 발굴 과정에서 필요성이 대두된 연대측정이나 퇴적물 분석 같은 특정 사안을 중심으로 그때그때 사정에 맞추어 이루어지는 단편적 자료 분석을 벗어나지 못하고 있다. 퇴적환경이나 층서 해석에 대한 관심이 늘어나고 있음은 고무적이지만, 많은 분석이 명확하게 정의된 목적 없이 그저 습관적으로 이루어지고 있음은 안타까운 일이다. 맹목적으로 채취한 시료를 단지 기계적이며 습관적으로 분석하는 것은 의미 없는 결과물을 양산할 뿐인데, 지질고고학 연구가 유적 발굴 시에 필요한 기계적 절차가 아니라는 인식이 절실히 필요하다. 분야를 막론하고 모든 고고학 연구는 연구 목적과 조건에 맞추어 적절한 연구계획을 수립하고, 그에 따라 체계적으로 이루어져야 하겠다.

앞에서 다룬 내용은 지질고고학 연구에 필요한 기초지식이라 할 수 있는데, 지질고고학 연구의 출발점인 퇴적 맥락의 파악과 관련된 초보적 수준의 지식을 소개하려 했다. 연구대상 지역과 시대를 불문하고, 유적과 퇴적층을 다루는 고고학 전공자라면 자신이 다루는 자료가 언제, 어떻게 만들어지고 변형되어 오늘에 이르렀는지, 자료의 퇴적 매락을 파악할 수 있을 때 의미 있는 성과를 거둘 수 있을 것이다. 그러한 파악은 퇴적과 퇴적환경에 대한 지식을 필요로 한다.

　퇴적 맥락의 이해란 고고자료의 형성과정을 재구성하고, 형성과정에 있었던 주요 사건의 발생 시점과 퇴적환경의 변화를 파악한다는 뜻이다. 마지막 장에서는 이러한 점을 염두에 두고, 임진강 유역에서 구석기 유적과 관련된 지질고고학 연구의 경험을 바탕으로 그간의 성과와 한계 및 문제점을 되돌아봄으로써 책의 마무리에 대신하고자 한다. 이곳에서 지난 30여 년 동안 이루어진 여러 연구의 내용은 지질고고학의 발전과 보다 이성적인 연구풍토의 정착을 위해 무엇이 필요한지 생각할 수 있게 해주기 때문이다.

1. 유적의 연대

주지하듯, 임진강 본류와 한탄강을 비롯한 지류를 따라 발달한 용암대지와 그 주변의 여러 곳에서는 1978년 전곡리 유적이 알려진 이래 많은 수의 구석기 유적이 발견되었다. 전곡리 유적의 발견은 동아시아에 주먹도끼는 존재하지 않으며 이것은 바로 구석기시대부터 이 지역이 문화적, 인종적으로 열등함을 말해준다는 소위 모비우스 선(Movius Line)의 가설이 허구임을 드러내주었다. 용암대지 위에서는 1979년 3월 실시된 전곡리에서의 첫 발굴에서 시작해 그 동안 실시된 크고 작은 발굴과 수반되어 여러 형태로 지질고고학과 관련된 연구가 이루어졌으며, 또 고고학 조사와 상관없이 유관 분야의 독자적 연구도 이루어졌다. 그 결과, 임진강 유역에서의 용암대지 형성 전후의 지질환경이나 구석기 유적의 연대와 맥락에 대해 여러 점을 알게 되었고 동시에 새로운 문제가 제기되기도 했다.

유적의 연대와 관련, 전곡리에서 처음 발견된 석기가 아슐리안 주먹도끼와 유사하다는 사실은 유적의 연대가 적어도 수십만 년에 달하리라는 기대감을 한껏 부풀려주었고, 1978년 발표된 유적 예보는 석기와 유적의 연대를 30만 년 전으로 평가하였다. 유적의 연대측정은 1979년 3월 발굴을 참관한 일본 도호쿠(東北)대학의 지질학 교수가 채취한 현무암 시료의 K-Ar 연대측정으로부터 시작되었다. 측정 결과는 10.8 ± 15.8만 년으로서, 분석자는 오차의 폭이 중심연대의 150% 가까이 되므로 10.8만 년은 믿을 만한 연대가 될 수 없지만, 중앙값+1σ가 약 27만 년임을 감안할 때 시료의 최대연대를 27만 년 전으로 잡는다고 보고하였다.

이 최초의 결과가 전혀 쓸모없는 연대임에도 불구하고 이것은 발굴보고서에서 자의적으로 해석되었다. 즉, 27만 년은 약

30만 년이므로 결국 용암대지는 30만 년 전에 만들어졌고 그 위에 있는 유적과 유물도 30만 년 전이라는 주장이 강변되었다. 불행히도 이러한 '과학적' 근거로부터 오늘날 교과서에도 실려 있는 전곡리 유적의 나이가 30만 년이라는 소위 '정설'이 확립되었고, 유적의 사적 지정이나 전곡선사박물관 설립을 비롯해 유적의 중요성을 강조할 필요가 있을 때마다 인용되어 왔다. 이러한 배경과 더불어, 이 지역의 지질고고학 연구에서는 용암대지 위에 형성된 주먹도끼 산출 유적의 연대 판단이 핵심과제가 되었다.

연대 문제의 해결은 임진강 유역의 제4기 층서를 파악하고 각 층서단위의 절대연대 확정을 필요로 한다. 그중에서도 핵심적인 과제는 용암대지의 층서적 위치와 연대 파악으로서, 용암대지의 연대는 전곡리를 비롯해 그 위에 있는 모든 유적과 유물의 상한을 결정하는 소위 'terminus post quem'('그 이후의 시점')을 결정해주기 때문이다.

임진강 유역의 제4기 층서와 지사는 아직 밝혀져야 할 세부사항이 많지만, 1986년 무렵이면 그 대강을 파악할 수 있게 되었다. 그 요체는 〈그림 51〉의 모식도로 표현할 수 있다. 2002년에는 용암대지 말단부에서 하류에 놓인 파주 장산리에서 발굴을 실시해, 이 일대까지 용암이 흘러내리기 훨씬 전에 현재보다 수십 m 높은 고도 위에 형성된 충적단구 퇴적층에서 유물을

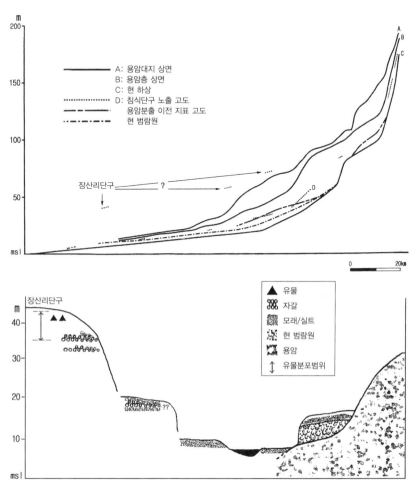

[그림 51] 위: 한탄강-임진강 유로를 따라 관찰되는 주요한 제4기 단위의 종단면 모식도; 아래: 임진강 하류 장산리 일대의 임진강 하곡 횡단면 모식도.

수습하였으며, 이것을 장산리단구라고 명명하였다.

 그러나 상류역에서의 장산리단구의 존부 여부와 분포 및

용암층과의 관계에 대한 연구는 전혀 진척되지 못하고 있다. 이런 상황이 말해 주듯, 지질층서와 지형에 대한 한탄강 상류, 한탄강의 지류인 영평천 및 영평천의 지류인 포천천 유역에 걸친 광역적 조사는 지난 30년 동안 답보상태에 머무르고 있다. 임진강 하계망 전체에 걸친 치밀한 제4기 층서 연구는 반드시 이루어져야만 한다. 그러한 조사는 임진강 유역뿐만 아니라 김포나 파주 등지의 한강 하류에서 발견되는 구석기 유적의 평가를 위해서도 필요하다. 왜냐하면 임진강도 한강도 해수면이 낮았던 빙하기에는 거대 하천의 지류에 불과했으므로, 두 하천의 하류에 분포하는 구석기 유물 포함 단구퇴적층은 결국 하나의 층서 체계 속에서 그 위치를 평가할 수 있기 때문이다.

용암대지의 연대는 용암 본체를 직접 측정하거나 용암이 흐르며 열 변성을 받은 물질의 연대를 측정함으로써 간접적으로 알 수 있다. 연구는 여러 갈래로 이루어졌는데, 2010년까지는 확실한 결론을 내리기 어려웠다. 그러나 2011년 발표된 연대측정 연구는 전곡읍 일대에서 용암대지는 50만 년과 15만 년 전을 중심연대로 하는 두 개의 용암류로 구성되어 있음을 확인시켜 주었다. 그 해에 필자가 USGS 실험실에서 실시한 보다 정교한 Ar-Ar 연대측정은 두 용암류의 연대를 각각 52만 년과 17만 년 전으로 미세 조정할 수 있게 해주었다.

그런데 전곡 일대에서는 이러한 연대와는 상당히 동떨어

진 의외의 연대측정치도 이미 1980년대부터 축적되기 시작했다. 즉, 여러 곳의 노출 단면에 대한 조사나 발굴에서 실시한 연대측정에서는 용암대지 위나 아래에 있는 퇴적층의 연대가 불과 4, 5만 년 전 정도라는 결과가 얻어져 왔던 것이다. 이러한 연대측정치와 용암대지의 K-Ar연대 사이의 괴리를 해명하는 것은 큰 과제가 아닐 수 없는데, 2009년 그 단서가 포착되었다.

2004년 무렵 전곡읍의 한 아파트 건설현장에서는 발파작업 중, 용암이 포획한 탄화목이 우연히 발견되었다. 이 포획한 나무와 그를 둘러싼 용암 덩어리는 전곡리 유적전시관에서 전시하고 있었는데, 2009년 말 뜻밖에도 이 포획목으로부터 보정연대 3만 5천년 전 전후의 탄소연대가 얻어졌다. 이후 이 탄화목과 함께 전곡 일대의 용암대지 아래에 노출된 퇴적층에서 채취한 목탄 및 토양 시료를 세계각지의 실험실에서 의뢰해 분석한 결과, 4, 5만 년 전 무렵의 측정결과를 통보받았다. 특히 2016년 영국 옥스퍼드대학에서 최신 방법으로 측정한 탄화목의 연대는 대략 5만여 년 전으로 판명되었다(53600±3800 BP; OxA-34228). 연대측정치가 탄소연대측정 가능범위의 한계 부근에 있다는 점이 문제이지만, 포획목과 다른 시료에서 얻은 일련의 AMS연대는 두 차례 용암 분출이 그치고 10여 만 년이 지나 다시 또 용암이 분출했고, 이것이 전곡 일대까지 도착했음을 강력히 시사해 주는 듯하다.

이 세 번째 용암의 실체는 반드시 규명되어야 하는데, 전곡리 유적의 퇴적층이 바로 이 용암 위에 있을 가능성은 상당히 크다고 보인다. 현재는 보기 어렵게 되었지만, 전곡읍 북쪽 은대리에서 37번 국도 교량 공사 중 차탄천 동안에 노출된 단면에서는 차례대로 쌓인 52만 년과 17만 년 전의 용암층 위로 10m가량의 퇴적물이 쌓인 다음, 다시 이것을 덮고 있는 용암이 확인되었다. 결론을 내리려면 장차 더 많은 연구가 필요하지만, 일각에서 주장하듯 전곡리 유적 일대의 용암대지가 50만 년 전에 만들어졌다고 단언할 수 없음은 분명하다.

물론 최후로 분출한 용암은 이미 흘러내린 용암층을 전면적으로 덮고 흐른 것이 아니라 분출 당시에 존재하던 곡간 지형을 타고 흘렀을 것이다. 그러므로 퇴적층 아래의 용암대지 상면에는 시기를 달리하는 용암층이 평면상에 나란히 놓여 있을 수도 있고, 또한 용암대지 위에 쌓인 퇴적층도 이른 시기와 늦은 시기의 것이 병렬적으로 구성된 복잡한 양상일 수 있다. 그렇지만 시기를 달리하는 용암류의 병렬적 분포는 지난 수십 년 동안 전혀 확인되지 않았다. 마찬가지로 전곡리 일대의 여러 곳에서 이루어진 어떤 조사에서도 퇴적층은 계속해서 하나의 퇴적단위를 이루며 분포하고 있지 큰 시차를 두고 있는 별개의 암상들로 구성되었다는 증거도 전혀 발견되지 않았다.

한편, 용암대지 위에서 퇴적이 완료된 시점은 1995년 전곡리와 가월리 유적의 퇴적층 최상부에서 AT가 발견됨으로써 이론의 여지가 없게 되었다. 즉, 지점에 따라 약간의 편차야 있겠지만 주요한 퇴적운동은 3만 년 전이 조금 지나 마감되었을 것이다. 따라서 용암대지의 형성이 5만 년 전 무렵에 완성되었다면, 그 위의 퇴적층은 대략 2만 년에 걸쳐 만들어졌다고 생각할 수 있겠다.

그런데 전곡리 유적의 연대가 30만 년 전이라는 주장은 2000년 무렵부터 일련의 '과학적 근거'와 더불어 새롭게 주장되기 시작했다. 주장의 가장 중요한 근거는 퇴적층이 바람에 의해 쌓인 황토이며, AT에서 1m 정도 아래에 K-Tz(Kikai-Tozrahara[鬼界葛原])라고 하는 AT보다 7만 년 앞서 분출한 화산재가 존재한다는 것이다. 또한 용암 바로 위를 제외한 나머지 퇴적층의 단면이 검붉고 밝은 색조의 토양대가 일정한 두께로 반복되는 양상을 보여주는 것은 퇴적과정에 간빙기와 빙하기 기후조건이 주기적으로 닥쳤음을 말해주며, 그러한 토양 발달 양상은 중국의 황토에서 보는 바와 같다고도 주장되었다. 그러므로 황토 퇴적의 속도가 일정함을 가정할 때, 두 화산재의 위치와 연대는 최하부 유물포함층의 나이를 30만 년 전이라고 확정할 수 있게 해준다는 것이다. 이러한 주장의 보조적 근거로서는 용암에서 50만 년 전의 연대가, 또 퇴적층에서는 10~20만 년대의 OSL 연대가 얻어졌음이 내세워졌다.

그러나 이러한 주장은 퇴적층을 구성하는 물질이 정말로 바람에 의해 쌓였음을 확인시켜주는 분석이 전혀 제시되지 않았다는 점에서 우선 문제일 수밖에 없다. 퇴적단면의 주기적 색상 변화는 퇴적과정 각 단계에 노출된 지표면에서의 여러 생물학적 활동이나 토양학적 과정에 의해서도 충분히 만들어질 수 있는 것으로서, 퇴적물질의 기원을 판단할 수 있는 기준은 될 수 없다. 더구나 AT에서 1m 아래에서 발견된 화산재 입자를 K-Tz로 판단한 이유는 화산재 입자의 굴절률이 K-Tz의 범위에 있고 이것이 AT보다 아래에서 발견되었다는 점 때문인데, 그러나 유감스럽게도 AT와 K-Tz의 굴절률은 모두 같은 범위에 있으므로 양자를 구별하는 절대적 기준이 될 수 없다. K-Tz는 존재 그 자체가 문제인데, 단 하나의 입자만이 발견되었고 이후 어느 누구도 이것을 다시 발견하지 못했다. AT에서 1m 아래에서 정말로 화산재가 발견되었다면, 이것은 아마도 퇴적 이후의 교란으로 아래로 흘러내린 AT이거나 혹은 시료채취 과정에서 묻은 AT는 아닐지 의심스럽다. 한편 이른 시기의 OSL 연대도 문제인데, 동일 시료에 대한 재측정에서는 훨씬 늦은 연대가 얻어지기도 했다. OSL 연대측정 결과는 층의 퇴적과 변형과 관련해 앞에서 언급한 연대측정 시료의 적합성, 즉 에너지의 불완전 침출과 관련된 문제를 안고 있다고 보인다.

따라서 전곡리 유적 30만년설은 적어도 고고학 연구자라면 맹목적으로 추종해서는 안 될 것이다. 우리가 확실히 말할 수 있는 바는 단지 다음과 같다. 즉, 장산리 유적의 층서가 말해주듯, 임진강 유역에서 주먹도끼는 수십만 년 전부터 만들어졌다. 그리고 50여 만 년 전에 흐른 용암이 전곡 일대에 도달했고 이후 다시 용암이 분출해 이곳에 도달했다. 또 전곡리에서 주먹도끼가 퇴적층 하부에서만 출토하는 것이 아니며 특별히 그것이 출토하는 층준이 없음도 사실로서, 퇴적층은 3만 년 전 무렵까지 계속 쌓였지만 언제부터 쌓이기 시작했는지 아직 단언할 수 없다. 그렇지만 전곡리 최하부 문화층이 30만 년 전이라는 증거는 전혀 없다.

전곡리 최하층의 연대가 4~5만 년 전 무렵이라고 결론을 내리는 것은 아직 시기상조이다. 그렇지만, 퇴적층이 30만 년 전부터 쌓였다면 (혹은 10여 만 년 전부터 쌓였다고 해도) 그 긴 기간 동안에는 여러 차례 극심한 해수면 변동이 반복적으로 있었을 것이다. 그에 따라 하천운동이 엄청나게 변화했을 것임을 생각할 때, 과연 그리 넓지 않은 하곡을 메우고 발달한 용암대지 위에서 퇴적층이 살아남을 수 있었을까? 퇴적층 상부가 3만 년 정도의 나이라면, 오늘날까지 두터운 퇴적층이 남아 있다는 사실은 임진강과 한탄강의 하상고도가 안정적으로 낮아진 이후에 퇴적이 시작되었을 가능성이 크다는 의미일 것이다. 따라서 퇴적층 최하부의 나이는 탄화목의 연대측정치처럼 3만 년 전에 만년 단위의 수치를 조금 더해 셈할 수 있는 것은 아닐지 의심스럽다. 그렇다면, 임진강 일대의 주먹도끼 유적과 관련된 중요한 연구주제는 아슐리안 주먹도끼처럼 보이는 고졸한 형태의 유물이 무슨 이유 때문에 이렇게 '늦은' 시기까지 계속 만들어졌던가를 밝히는 것이겠다.

2. 퇴적환경과 유적형성과정

임진강 유역 구석기 유적의 퇴적환경과 유적형성과정에 대한 자료는 제한적이다. 굳이 이곳만의 문제가 아니지만 퇴적층에는 동물화석이 보존되지 않았다. 꽃가루 분석 자료로는 1980년대에 영평천 유역에서 용암 분출 이후 형성되었다고 보이는 호소 퇴적층에서 얻은 결과만이 있다. 1984년 이 퇴적단면 최상부의 7m 구간에서 채취한 시료의 분석에서는 호수 퇴적이 마무리될 무렵이면 온대성 혼합림이 단조로운 한대성 침엽수림으로 전면 대체되고 있어, 기후가 급격히 한랭화했을 것이라고 해석되었다. 나아가 이곳과 전곡리의 문화층 하부의 모래층에서는 모두 4만 5천 년 전후의 TL연대가 얻어졌기 때문에, 그러한 기후의 급변은 용암대지 위에 유적이 만들어지기 시작할 때의 환경조건을 말해줄 것이라고 해석하였다. 이 해석은 일종의 가설로서 연대측정과 더불어 다시 검증되어야 하는데, 불행히도 포천천과 영평천의 합류지점 서남쪽에 있던 시료 채취 단면과 퇴적층은 1990년대 말 사라져버렸다.

조건의 제약으로 유적의 퇴적환경과 맥락에 대한 연구는 퇴적물과 토양 분석에 기댈 수밖에 없는 형편이다. 이와 관련해 전곡리에서 구석기 퇴적층이 바람에 의해 쌓인 물질, 즉 황토라는 주장은 앞에서 말했듯 객관적인 근거를 갖고 있는 주장이 아니다. 주장과 더불어 제시된 분석 결과에서 알 수 있는 퇴적물의 특성은 황토와는 거리가 멀다. 퇴적층은 AT가 포함된 부분을 제외하면 기본적으로 하천운동의 결과물일 것이다. 실제 발굴에서 퇴적층은 용암 상면의 고도와 요철에 따라 차이가 있고 더러 최하부에는 고인 물에서 퇴적된 실트 퇴적물도 있지만, 대체로 아래에서 위로 가며 자갈, 모래, 실트로 구성되어 있음이 드러나고 있다. 유물을 포함하고 있는 소위 문화층은 이 중 위쪽에 놓여 있는 적갈색조의 실트층으로서, 이것은 반복된 하천 범람으로 형성된 전형적인 범람원 퇴적물로 해석할 수 있다.

퇴적층의 주요부분이 하천운동으로 쌓였음은 토양미세구조 분석에서도 드러난다. 〈그림 50〉에서 보듯, 2009년에 실시한 전곡리에서의 구제발굴에서는 저명한 토양미세구조 분석 전문가인 맥페일 교수를 초청해 분석을 실시했는데, 〈그림 52〉는 그 결과물의 일부이다. 결론적으로, 퇴적단면의 여러 부위에

[그림 52] 〈그림 50〉의 채취지점에서 얻은 시료의 현미경 사진. 가운데 왼쪽과 오른쪽이 각각 26A와 26B로서, 박편은 길이 75mm이다. 아래 세 사진은 가운데 26A 시료의 화살표 부위 관찰사진으로서 길이 약 4.6mm이다. 연구자는 시료가 식물뿌리 등의 생물학적 요인으로 아마도 우기를 겪고 난 다음 토양형성과정을 겪으며 동질화되었을 것이라고 판단하였다.

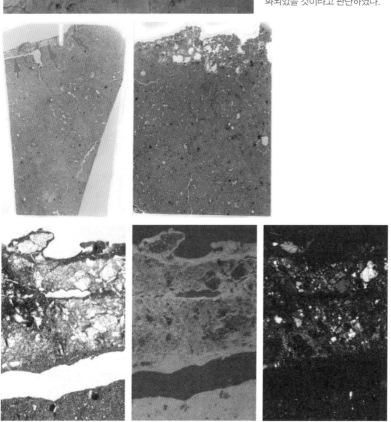

서 채취한 시료는 퇴적물이 기본적으로 유수에 의해 쌓였음을 보여준다. 분석결과는 발굴보고서에도 실려 있지만, 맥페일 교수는 2018년 4월 발간된 〈*Applied Soils and Micromorphology in Archaeology*〉에서 Boxgrove를 비롯한 여러 유적의 분석결과와 대비하며 그 의미를 심층적으로 소개하고 있다. 그는 또, 그렇게 퇴적층이 충적층이라는 사실은 유적이 수십만 년 전부터 만들어졌다는 주장과 병립할 수 없지만, 퇴적층이 전술한 바와도 같이 4~5만 년 전 무렵이나 비슷한 시기부터 형성되었을 가능성과는 맞아떨어지는 현상임을 지적하였다.

용암대지 위에서 하천 가장자리에 유물이 남겨진 다음 계속된 유수운동으로 퇴적층이 형성되었음을 생각한다면 퇴적층 내에서 소위 생활면이나 유구의 흔적을 찾을 수 없음은 자명하다. 수습된 유물 중에는 석기를 제작하며 만들어지기 마련인 수많은 부스러기를 비롯한 작은 크기의 것들은 보기 힘들고, 발굴 면적 대비 유물의 밀도가 낮으며, 유물이 퇴적층 속에서 폭넓게 분포한다는 점도 이러한 퇴적환경을 생각한다면 설명할 수 있다. 바람이 운반해온 실트가 일정한 속도로 쌓여 퇴적층이 만들어졌다면 이러한 현상은 발생하지 않았을 것이다.

한편, 전곡리도 그렇지만 각지의 구석기 유적과 플라이스토세 퇴적층에서는 소위 '토양쐐기' 구조가 발견되고 있다. 즉, 토양단면에서는 황갈색을 띠고 있는 부분에서 시작해 적갈색조의 퇴적층 속으로 뻗어 내려간 황갈색의 파열 흔적을 찾아볼 수 있는데, 평면에서는 육각형 내지 그에 가까운 다각형 구조를 이루고 있다. 구석기 전공자와 일부 관련분야 연구자 사이에서는 이러한 독특한 구조가 기후조건의 지표로서 일종의 층서 해석의 기준이 된다는 생각이 퍼져 있다. 즉, 이것은 주빙하(periglacial) 환경에서 볼 수 있는 얼음쐐기(ice-wedge)와 유사한 배경에서 만들어진 것으로서 빙하기의 혹심한 환경 아래에서 형성되었기 때문에, 그것이 나타나는 층서를 기준으로 유적과 유물의 연대를 평가할 수 있다는 생각이 알게 모르게 퍼진 듯하다. 그 결과, 예를 들어 전곡리 퇴적단면에서 이런 구조가 몇 차례 반복적으로 보이는 것은 퇴적층이 형성되는 과정에서 몇 차례의 빙하기를 겪었는가를 말해준다는 식의 설명이 이루어지곤 한다.

그러나 7장에서 소위 '제2단구'에 대해 언급한 문제는 이 '토양쐐기'에 대해서도 적용할 수 있는데, 정확한 분석 없이 외형적 유사성만으로 층서 해석의 기준을 삼는 것은 잘못이다. 더구나 플라이스토세의 기후변화 양상은 범지구적 차원에서 매우 복잡했으며 한반도에서의 국지적 상황에 대해서는 전혀 알지 못하고 있는 상황에서, '토양쐐기'가 설령 한랭기후의 산물이라고 해도 그것이 만들어진 시점은 더더욱 말할 수 없는 일이다.

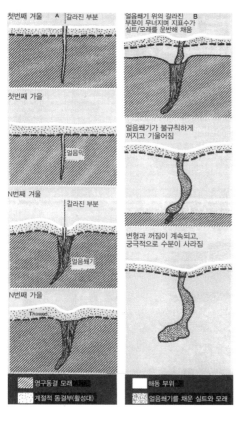

첫번째 겨울　A｜칼라진 부분

첫번째 가을

얼음막

N번째 겨울　칼라진 부분

얼음쐐기

N번째 가을

Thawed

■ 영구동결 모래
■ 계절적 동결부(활성대)

얼음쐐기 위의 칼라진　B
부분이 무너지며 지표수가
실트/모래를 운반해 채움

얼음쐐기가 불규칙하게
꺼지고 기울어짐

변형과 꺼짐이 계속되고,
궁극적으로 수분이 사라짐

□ 해동 부위
▨ 얼음쐐기를 채운 실트와 모래

[그림 53] 왼쪽: 얼음쐐기와 그 흔적화석
이 만들어지는 과정의 모식도; 오른쪽:
얼음쐐기의 발달로 만들어진 다각형 구
조. 다각형의 직경은 30~50m 정도로
서, 소위 '토양쐐기'와 비교할 수 없는 크
기이다. (출전: HMF Figure 3.6, 3.4)

　　그런데 주빙하환경에서 만들어지는 얼음쐐기는 물이 얼
고 녹기를 반복하며 영구동토층 내에 만들어진 구조로서, 쐐기
하나하나의 길이가 수 미터 이상에 달하며 여러 종류의 독특한
지질현상이 함께 관찰된다(그림 53). 우리나라 고토양에서 보이
는 구조가 빙하기 환경에서 만들어진 얼음쐐기와 같은 조건에
서 만들어진다고 생각하는 것은 분명히 잘못이다. 오히려 '토

양쐐기' 구조의 상당수는 〈그림 46, 47, 48〉에서 본 것 같은 식물뿌리의 영향과 관계되며, 점토함량이 높은 토양에서는 점토의 함수팽창과 탈수수축의 반복으로 만들어질 수도 있다. 실제로 전곡리와 가월리 유적 토양단면 시료의 토양미세구조 관찰에서는 아마도 건조한 시기에 토양이 수축되며 파열구조가 만들어진 빈 공간에 퇴적물이 급속하게 채워졌을 것이라는 결론이 얻어졌다(그림 52). 아마도 이러한 구조가 발생한 원인은 사안별로 검토해야 할 것이다.

한편, 임진강 유역에서는 하류의 장산리에서 상류의 전곡리를 비롯한 모든 지점에서 동물 활동으로 인한 퇴적층 교란현상을 볼 수 있다. 이곳에서는 특징적으로 비교적 몸집이 큰 포유동물의 서식처 흔적이 1979년의 전곡리 1차 발굴에서부터 관찰되었다. 그러나 이것이 동물 서식처의 흔적화석이라는 사실은 2000년대에 들어와서 알게 되었다(그림 49). 이러한 흔적은 전체 형태에서 몇 종류로 나뉘지만, 원통의 지름이나 전체 길이가 일정한 범위에 있어, 아마도 동일종 내지 서로 가까운 관계에 있는 작은 크기의 동물들이 남겼을 것이다. 이에 대한 장기적이며 전문적인 연구는 유적의 고환경 해석에 큰 도움이 될 것이다.

이러한 동물 활동의 흔적은 전국각지에서 볼 수 있다. 퇴적층이 두터운 곳에서는 만들어진 시기에 따라 일정한 층을 이루며 보다 짙거나 희미한 형태로 나타나는 현상을 퇴적단면에서 볼 수 있다. 또 한 유적에서도 그러한 흔적이 보다 밀집한 곳과 그렇지 않은 곳이 있는데, 그러한 분포는 아마도 당시의 지형이나 식생의 분포에 따른 동물 활동의 차이와 관련될 것이다. 이러한 동물의 교란활동이 퇴적층 형성과정 내내 계속되었다는 것은 주어진 유적의 연구에 또 하나의 장애가 되고 있다. 왜냐하면 퇴적층 본체와 서식흔 내부 충진 물질은 상이한 시기와 조건에 쌓였을 가능성이 매우 크기 때문이다. 따라서 퇴적물의 연대측정을 위한 시료는 아무리 주의를 기울여도 이미 과거에 크게 오염되었을 가능성이 클 수밖에 없다. 더구나 서식흔 내부 충진물질에서 얻은 연대는 동물 활동 당시의 퇴적층의 지형에 대한 해석이 따르지 않는 한 유적의 연대 평가를 위한 증거로서 액면 그대로 채택할 수 없다. 이러한 어려움은 퇴적과 변형과정에 대한 연구가 없다면 앞으로도 해결할 수 없는 과제로 남을 것이다.

3. 무엇을 해야 하는가?

임진강 유역의 구석기 고고학에 대해 현재 알고 있는 바를 냉정하게 평가하자면 확실히 밝혀진 사실은 그리 없다고 할 수 있다. 유적은 기본적으로 고에너지의 유수운동으로 형성되었으며, 유물이 정연하게 면을 이루며 발견되기는커녕 하천이 선별한 유물만이 두터운 퇴적층 내에서 불규칙하게 분포하고 있다. 따라서 개개 석기에 대한 형태나 제작 관련 분석은 할 수 있겠으나, 석기군 구성의 전반적 면모를 체계적으로 설명하기도 쉽지 않은 형편이다.

필자는 1983년 전곡리 발굴보고서에 게재된 임진강 유역 구석기 유적의 퇴적 맥락에 대한 초보적 관찰로부터 시작해, 현재까지 다음과 같은 문제에 대한 답을 얻고자 하였다. 아마도 이러한 문제들은 지역과 시대 및 유적의 성격을 불문하고, 모든 지질고고학 연구에서 대두되는 기본적 과제라고 생각할 수 있을 것이다.

무엇보다도 우선 밝히고자 했던 것은 유적의 분포상이다. 유적 분포상의 구명이란 단지 유적을 찾고 확인한다는 뜻이 아니라, 유적이 현재 위치에 현 상태로 존재하는 이유를 설명하는 것으로서 유적의 거시적 퇴적 맥락과 지형적 배경을 파악한다는 뜻이다. 두 번째는 유적의 정확한 연대 판단 문제로서, 층서 해석과 정확한 연대측정이라는 어려운 과제를 수행하는 것이다. 유적의 맥락과 연대 파악에 이어 대두되는 세 번째 과제는 유적이 만들어져 현재에 이르기까지 유적형성과정의 복원과 해석에 필요한 퇴적환경을 설명하는 일로서, 유적을 구성하는 퇴적물의 기계적, 화학적, 토양학적 특징과 그 성인에 대한 분석을 필요로 하는 과제이다. 이러한 일련의 연구는 고고자료가 처음 어떻게 만들어져 오늘날까지 살아남을 수 있었는지 설명할 수 있는 자료가 되며, 따라서 다음 네 번째 과제는 그로부터 고인류의 행위와 퇴적 이후의 변형과정을 설명하는 것이다. 다섯 번째로는 유적 사이에 혹은 유적 내에서의 고고자료의 분포와 변이, 즉 유적이나 지점에 따라 다르게 나타날 수도 있는 고고자료의 특징을 확인하고 그 이유를 설명하는 일인데, 예를 들어 유적의 특정 지점에 고고자료가 집중된다면, 이런 현상이 과거에 있었던 인간의 행위 때문인지 아니면 유적형성과정에서 자연적으로 발생한 것인지 하는 등의 질문을 설정하고 답을 찾는 작업이다. 마지막 여섯 번째 과제는 이상의 연구로부터, 예를 들어 주먹도끼 등장의 시공적 맥락에 대한 설명이나 다른 지역과의 비교, 석기군 구성의 특성을 비롯한 구석기고고학의 보다 큰 질문에 대한 답을 모색하는 것이다. 이러한 과제는 거의 대부분 아직 숙제로 남아 있다.

발굴 자료의 폭발적 증가와 더불어, 구석기시대를 비롯한 모든 고고학 연구에서 과장된 해석과 왜곡된 결론을 걸러내며, 아는 것과 모르는 것을 구분해내고, 그로부터 풀어야 하는 문제를 설정하고, 그 해결책을 찾으려 하는 연구자의 안목은 시간이 갈수록 더욱 절실히 요구되고 있다. 그러한 안목이 없다면 고고학 연구는 '대충 짐작'과 '좋은 게 좋은 것'이라는 끼리끼리 감싸기에서 맴돌 것이다. 안목을 갖춤에 있어 꼭 필요한 것의 하나는 우리가 다루는 자료가 어떻게 만들어져 어떤 과정을 겪고 우리 손에 들어오게 되었는지 판단할 수 있는 능력을 기르는 일이다. 바로 이 점이야말로 지질고고학이 하루빨리 자리를 잡아야 하는 이유이다.

찾아보기